著作權一本就通 ©

就通

章忠信 著

修訂第二版

書泉出版社 印行

自 序

　　在所有智慧財產權領域裡，著作權是與工作、學習及生活最密不可分的權利，沒有人可以完全脫離著作權法的規範。因為科技的進步與便利，使得日常對於著作的利用無所不在，一般「想當然爾」的習慣，更容易讓人忽略著作權法的存在，往往在無意間侵害別人的著作權，相對地，對自己的著作權，也不知如何保護。

　　自1986年投身著作權法主管機關以來，參與著作權法制建置、執行、對外談判、法令解釋及相關法律修正工作，乃至離開政府部門工作，專心於智慧財產權教學、研究、諮詢事務，一再透過科技及社群媒體與大家分享有諸多心得。1998年底開始獨力經營「著作權筆記」公益網站（http://www.copyrightnote.org）以來，受到各界的關注與肯定。該網站除了持續提供著作權相關資訊，設立「有問必答」的線上免費專業諮詢，開闢「討論園地」，讓各方參與著作權議題之討論，並自2013年開始透過臉書「著作權筆記」粉絲頁，一方面針對著作權時事議題進行短評分析，另方面也讓網友針對相關議題，前來網站腦力激盪、相互討論。提問者不斷地考驗與質疑，逼迫自己必須了解產業動態，才能提出適切的諮詢意見；時常遭遇權利人、利用人及司法人員就同一爭議的諮詢，更讓我警惕提供專業獨立意見的重要性，對於相關議題的深入研究，益發審慎。各界的提問與討論意見，都是經營專業網站的動力與警惕。2016年開始，在所任教之東吳大學教學資

源中心大力協助下，推出「大家來練著作拳（權）」磨課師（MOOCs）線上自修課程，獲得各界好評。

　　由於紙本閱讀仍受不少讀者之喜愛，本書承蒙五南文化事業機構的書泉出版社同仁們的協助，收錄「著作權筆記」網站中近50篇淺顯易懂之著作權實務議題分析，分門別類，介紹著作權法制基本觀念，是一本認識著作權之入門書籍。讀者們閱讀本書之後，未來於工作、學習、生活及社會著作權時事，如仍有疑義，歡迎透過「著作權筆記」網站或臉書粉絲頁等管道，進行諮詢與討論，也算是本書對忠實讀者之終身保固服務。

　　以工作之餘來獨力經營專業的公益網站，須投注大量的時間與體力，除了自己的專業研究與熱情堅持，更需要家人的支持，略借序文之末，對於長期參與營造和樂家庭的內人王秀雲女士及厚明、厚安二子，順表感謝之意。

章忠信

2022.3.7於臺北景美

目　錄

第1篇　基礎篇　　　　　　　　　　　　　　　　　001

單元1　著作權基本觀念透析　　　　　　　　　　　003

單元2　著作權與數位科技保護　　　　　　　　　　009

單元3　著作權保護與合理使用　　　　　　　　　　014

單元4　出版品的版式、裝幀、插畫與權利保護　　018

單元5　利用著作的授權好幫手——著作權集體管理團體　022

第2篇　著作人必讀篇　　　　　　　　　　　　　　027

單元6　著作人的姓名表示權　　　　　　　　　　　029

單元7　我的著作，我決定——談學術論文公開發表權　035

單元8　怎樣才算作品的公開發表？　　　　　　　　038

單元9　「哈利波特」的法律金鐘罩——著作權　　042

單元10　當電子書變成有聲書，作者怎麼辦？　　　045

第3篇　誰有著作權篇　　　　　　　　　　　　　　049

單元11　漫談政府出版品著作權如何歸屬？　　　　051

單元12　政府經費完成著作之著作權如何歸屬？　　057

單元13　他的一生，我的自傳，誰的著作權？　　　062

單元14　報章期刊論文與徵稿作品的著作權爭議　　064

單元15　孤兒著作與期刊論文的法定授權制度　　　069

第4篇　網路篇　075

單元16 部落格vs.著作權　077

單元17 網路鏈結面面觀　081

單元18 搜尋引擎的著作權爭議　087

單元19 資訊分享vs.利益分配──YouTube的下一步　090

單元20 邁向世界圖書館之路？──Google與出版界和解
之後　093

單元21 自由不是免費，free不等於free　097

單元22 Free？自由的網路 ≠ 免費的內容　100

單元23 開房間的法律議題──Clubhouse之著作權議題　104

單元24 機上盒侵害著作權之法律責任　108

第5篇　圖書館篇　111

單元25 數位圖書館的挑戰與未來　113

單元26 公共借閱權──圖書館應補償作者的損失？　118

單元27 大英圖書館的遠距文獻傳遞　121

單元28 數位化後百科全書的著作權議題　124

第6篇　出版規劃篇　127

單元29 譯著的著作權規劃　129

單元30 「著作等身」，是福？是禍？　135

單元31 天下文章一大抄，不必然違法，可能失格　138

單元32 有聲書的著作權議題　142

單元33 堅持賣整本書會違反公平交易法？　145

單元34　快樂分享，創用CC　149

單元35　報童失業之後　152

第7篇　著作權賞味期篇　157

單元36　著作權保護期間應該要多長？（上）　159

單元37　著作權保護期間應該要多長？（下）　162

單元38　利用公共所有的著作還要取得授權？　165

單元39　製版權──古籍新生的保護　168

單元40　原住民族傳統智慧創作如何保護？　171

單元41　美食的著作權保護　174

第8篇　利用篇　177

單元42　鐵牛運功散──從當兵當不完的阿榮看著作權與
肖像權　179

單元43　小小照片，大大學問　182

單元44　編製教科書的法定授權制　186

單元45　美術館對於館藏真跡的利用　190

單元46　創作與侵權的界線──合理使用歐巴馬？　194

單元47　視障者權益之著作權議題　198

單元48　旅遊創作與著作權　202

單元49　旅遊業的經營與著作權　206

第 ① 篇
基礎篇

單元1 著作權基本觀念透析

單元2 著作權與數位科技保護

單元3 著作權保護與合理使用

單元4 出版品的版式、裝幀、插畫與權利保護

單元5 利用著作的授權好幫手——著作權集體管理團體

單元1

著作權基本觀念透析

　　我們每天接觸到很多資訊，創造很多資訊，也利用很多資訊，可惜真正了解或意識到其中所牽涉之著作權問題的人，其實並不多，所以也就容易發生著作權爭議。不是侵害了別人的著作權，就是不知道能不能主張自己的著作權。有鑑於此，筆者為大家整理出以下幾個簡單的著作權觀念，讓大家可以快速認識著作權。

「著作權」才是正確的用語

　　大家可能常在一般出版品的版權頁上看到「版權所有，翻印必究」等文字，偶爾在報章雜誌上也看到某製作人說已將電視連續劇的「海外版權」賣給國外某電視臺，某知名作家說已將小說的「電影版權」賣給某導演，某出版社說已取得外國知名作家小說的「發行版權」，這其中的「版權」，各人說法不同，容易造成混亂。

　　其實，「版權」一詞只是通俗說法，並非正確的法律名詞，「著作權」才是著作權法所規定的正確用詞。不過，因為「著作權」的內容，包括「著作人格權」與「著作財產權」，其中，「著作人格權」又專屬於著作人本身，不可以讓與或繼承，所以一般在洽談書籍出版發行或其他利用時，都是以「著作財產權」為重點，如果還要再區分「著作財產權」中的特定

權利，就更要明白地以文字表達，例如，前面所說的電視連續劇「海外版權」賣給國外某電視臺，應該是指授權該電視臺可以在該國「公開播送」此電視連續劇；某知名作家說已將小說的「電影版權」賣給某導演，應該是指授權該導演可以將小說「改作」成電影；某出版社說已取得外國知名作家小說「發行版權」，應該是指該作家授權臺灣的出版社可以在臺灣「重製」或「以中文翻譯的方式」，「改作」及「散布」他的小說。

　　以上這些授權的內容都是「著作權」的一小部分，不是全部的「著作權」，甚至也不是「著作財產權」的全部，必須精準地使用，以避免造成權利上的損害或事後的爭執。

創作完成就享有著作權

　　依據著作權法第10條的規定，原則上，著作人完成著作就自動接受著作權法的保護，不必辦理任何登記或申請。所以，寫完一篇文章或畫完一幅畫，不管有沒有發表，都自動受到保護，別人要轉載使用，都要經過自己的同意。

　　著作人依著作權法所享有的著作權，分為著作人格權及著作財產權。著作人享有的著作人格權包括如下：

　　1.公開發表權：決定要不要對外發表的權利。

　　2.姓名表示權：決定要以本名、別名或不具名方式對外發表的權利。

　　3.禁止不當修改權：禁止他人修改而損害其名譽的權利。

　　著作人格權專屬於著作人本身，不得讓與或繼承，所以，即使著作人將著作財產權讓給出版社，仍不會喪失他的著作人格權，但雙方可以透過約定，讓著作人對於出版社不行使著作

人格權。著作人死亡後，關於他的著作人格權，事實上仍視同生存時加以保護，任何人不得侵害。所以說，著作人格權的保護是沒有期間限制的。

著作人所享有的著作財產權，會因為不同著作類別而有不同，在文字方面的創作，包括重製權（影印）、公開口述權（朗誦）、公開播送權（廣播）、公開傳輸權（網路）、公開演出權（舞臺演出）、改作權（翻譯或改編）與編輯權（收錄於專輯）、散布權（賣書）及出租權（小說出租）等。著作財產權可以全部或部分轉讓或授權他人行使。原則上，著作財產權的期間，存續於著作人之生存期間及其死亡後五十年。

著作權只保護「表達」，不保護「觀念」

著作是創作者情感與人格特質的外部展現，透過「文字」、「圖畫」或「音樂」等方式的對外表達，讓大家眼觀耳聞，這是可以受著作權法保護的，至於這些「文字」、「圖畫」或「音樂」等所要傳達的「觀念」或「方法」，就不在著作權法的保護中，我國著作權法第10條之1規定：「依本法取得之著作權，其保護僅及於該著作之表達，而不及於其所表達之思想、程序、製程、系統、操作方法、概念、原理、發現。」正是在顯示著作權法對於「觀念／表達」之保護區別。所以，看了一篇烹飪的文章後，依文章所教的方式煮一道佳餚，是使用它的「觀念」，不必獲得授權，不會構成侵害著作權；可是如果影印這篇文章，是使用它的「表達」，就要獲得授權。

從以上的說明，我們也可以進一步了解，學術上的剽竊，有時並不等於著作權的侵害。例如看了一篇大師的新著作，知

道文章所傳達的理論或概念，再用自己的文字，寫一篇相同理論的文章，但沒有說明是源自大師的創見，這種情形因為只是利用了大師的「觀念」，而沒有使用到大師的「表達」，雖然是一種學術上的剽竊，但並沒有構成著作權的侵害。

同樣地，看到別人照一張「臺北101大樓」的照片很美麗，自己也用照相機在同一個角度照一張「臺北101大樓」照片，因為沒有使用到他人的底片，只是參考別人照片的角度或布局，也不會構成著作權的侵害。

「著作財產權的讓與」和「著作利用的授權」天差地別

創作者完成作品，通常都是交給別人去發行或利用，自己獲取金錢上的報酬，很少是自己出版發行的。不過，到底領了一筆稿酬，是「著作財產權的讓與」還是「著作利用的授權」，其間的差別是天壤之別，不能不弄清楚。

「著作財產權的讓與」後，原來的著作財產權人喪失著作財產權，由受讓人取得著作財產權人之地位，任何人要利用著作，都要獲得受讓人，也就是新的著作財產權人的同意或授權；至於「著作利用的授權」，著作財產權仍保留在原來的著作財產權人身上，被授權人只取得利用著作之權利，其他人要利用著作，仍要獲得授權人，即原來著作財產權人的同意或授權，被授權人除非經原來著作財產權人的同意或授權，否則不得再為轉授權。

著作財產權的讓與，通常就是一般人所稱的「賣斷版權」，除了要使用精確的「讓與著作財產權」的法律用語外，有兩方面的問題也必須注意：1.讓與全部還是部分著作財產

權；2.讓與本國還是全球的著作財產權，這些都要清楚地約定。

著作人所享有的著作財產權，在文字方面的創作，包括重製權、公開口述權、公開播送權、公開傳輸權、公開演出權、改作權與編輯權、散布權及出租權等，在做著作財產權的讓與時，當然也要想清楚，要讓與哪些部分。例如，若只是要讓出版社將書籍出版發行，就應該明文約定只讓與重製權及散布權，則未來要翻譯或改拍成電影，或在網路上流傳，要再經著作人的同意。

由於著作權法採屬地主義，在臺灣依中華民國的著作權法享有著作權，在其他國家或地區則依當地著作權法享有著作權，著作權人在各國其實享有各自獨立不同的著作財產權。所以，當著作權人與出版社在洽談著作財產權的讓與時，就要明白地約定，讓與的部分到底只限於本國的著作財產權，還是包括全球的著作財產權，以避免書籍將來在美國、加拿大、歐洲或中國大陸的出版發行時，出版社與著作權人之間發生誰才有權利發行的爭執。國學大師錢穆生前與東大出版社簽訂「著作物權讓與契約」，事後大師遺眷與出版社間，對於該項約定是否及於大陸地區，纏訟數年；武俠小說家司馬翎的後人，為了當年司馬翎與真善美出版社簽訂的「白骨令」等數十部武俠小說的「著作物權讓與契約」，其讓與範圍是否及於大陸地區，爭訟不斷，均足為殷鑑。

著作利用的授權條件，可以做很細部地切割，利用人與著作財產權人雙方也是要先預做規劃，約定清楚，要思考的範圍包括：

1.是專屬授權還是非專屬授權？專屬授權後，著作財產權

人自己不能再行使權利，也不可以再做授權；取得專屬授權的利用人，對於侵害行為可以用自己名義主張權利。若是非專屬授權，著作財產權人自己還能再行使權利，也可以再授權第三人；而取得非專屬授權的利用人，對於他人侵害著作權行為並不能主張權利。

2. 授權期間多長？期間結束後，未銷售完的書籍要如何盤點、後續處理？還是不採期間制，改以一刷幾冊作為約定？

3. 授權出版發行地點有無限制？僅限臺澎金馬地區，還是包括大陸地區、美加、歐洲或其他國家或地區？

4. 利用方法有無限制？只限單純紙本發行，還是包括電子書或網路版？可不可以翻譯、改編或拍成電影或做成遊戲軟體等？正體字版還是簡體字版？美國藍燈書屋就曾因為早年的書籍發行契約，對於是否包括網路電子書發行約定不明，經法院判決敗訴。

5. 非專屬授權之被授權人可否再授權第三人？

結語

創作出好的著作雖然困難，但創作基本上是容易的，信手寫來的文章，自動受法律保護，所見所聞的文章、音樂或圖片，也都是受著作權法保護的，了解以上基本的著作權觀念，就可以保護自己的權利，避免無意間侵害別人的著作權而不自知。

單元2

著作權與數位科技保護

數位網路科技對於資訊內容傳輸方式的改變

　　數位網路科技發展之後，絕大部分資訊的傳達，已由紙本或電訊媒體，轉換到數位網路，進入過去難以想像的境界。紙本資訊流通有其地理上的侷限性，報紙、雜誌或書籍等實體物沒有送達的地方，資訊就無法被接觸。至於廣播電視等無形體資訊的流通性雖高，電波所及之處，資訊就可以被接觸，然而，廣播電視資訊的保存性低，僅限於傳播當下，隨後就音消影失，接收者絕少將所有接收過的資訊，如同對於報紙、雜誌或書籍一般，做長久地保存。

　　數位網路科技兼納了紙本與電訊媒體的長處，更彌補了紙本與電訊媒體的限制。這項技術讓所有的資訊，可以跨越地理限制，無遠弗屆地傳輸到世界上任何一個角落，還可以永久地保存下來，以供隨時接觸。更重要的是，資訊可以透過數位網路技術，互動式且快速地被檢索，讓公眾可以在其所選定的任何地點、時間，依其自己所選擇的目標，接觸到所需要的資訊。

　　因應數位網路科技時代的來臨，資訊內容的傳輸，在實務上可分為：1.傳統紙本或電訊媒體與新興數位網路傳輸同時進行；2.捨棄傳統紙本或電訊媒體，直接採行新興數位網路傳輸。前者是一方面進行報紙、雜誌或書籍等實體物的發行，或

廣播、電視節目的無形體播出，同一時間或一段期間後，再將其內容數位化，上網傳輸；後者是不再做報紙、雜誌或書籍等實體物的發行，或廣播、電視節目的無形體播出，直接將所有內容上網傳輸。

不管是上述哪一種傳輸模式，一旦資訊內容被數位化上網傳輸後，在經營上還可區分為四種方式：1.所有資訊都免費公開，永久供自由接觸。非商業性或公益性網站多屬此類；2.所有資訊都需付費，才能接觸取得。專業營利性網站多屬於此類；3.近期的資訊免費公開，於一定期間後，如經過一週或一個月，改納入資料庫，非經付費，無從接觸取得。報紙或娛樂性雜誌多屬此類；4.近期的資訊納入資料庫，非經付費，無從接觸取得，於一定期間後，如經過半年或一年，才將資訊免費公開。專業學術性期刊雜誌多屬此類。

 ## 「數位權利管理」機制的實務發展

在數位內容透過網路傳輸運作下，為了避免資訊內容的著作權被侵害，經營者運用「數位權利管理」（digital rights management, DRM）機制，來掌握對資訊內容利用的控制，其實際做法則包括「權利管理資訊」（rights management information, RMI）與「科技保護措施」（technological protection measures, TPM）二項方式。

所謂RMI，指著作權人在他所提供的資訊內容上，標示著作名稱、著作人及著作財產權人姓名或名稱、可以利用該資訊的方式、地點或期間等授權條件；實務的做法包括文字、圖案、顯性或隱性的浮水印等。透過這項技術的運用，利用人會知道所接觸的資訊是屬於誰的創作，可以做如何的利用，也方

便和權利人連洽授權；相對地，資訊提供者也能藉此資訊的標示，追蹤侵害行爲。

所謂TPM，指資訊提供者所採取保護其資訊內容不被非經授權而接觸利用的技術。此一措施包括「控制接觸」（access control）與「控制重製」（copy control）的TPM。前者的功能在於避免未經授權，破解密碼，非法進入數位資料庫，閱覽、收聽或收視資訊內容；後者的功能在於避免未經授權，將資訊內容非法下載、複製或轉貼。

著作權法對於「數位權利管理」機制的保護

法律的問題通常都用法律解決，科技的事情也多以科技的方法處理。當法律的問題無法單純靠法律解決時，科技的方法或許能做一些輔助，如果科技在處理法律的議題上，本身也面臨被突破或規避，喪失其原有功能時，也可以回頭尋求法律的保護。

在數位科技的運用下，網路上絕大部分的資訊都受著作權法保護，雖然著作人的權利受到法律的保護，但單純運用法律，並無法解決無所不在的盜拷，前述的DRM機制，就是以技術輔助法律所無法落實保護的部分。

然而，科技不斷地突飛猛進，DRM機制並不可靠。TPM容易被突破，導致有人可以透過程式設計或特殊資訊，擅自入侵資料庫瀏覽，並加以拷貝轉用；RMI也可能被修改或刪除，再行任意散布、傳輸。既然科技的保護是如此地不可靠，著作權人就努力遊說立法，要求在著作權法中規定，禁止規避著作權人所採取的「控制接觸」或「控制重製」的TPM，也禁止製造、輸入供規避TPM之用的設備、技術，或提供規避

的資訊或服務。在RMI的保護方面，也要求著作權法禁止修改或刪除RMI，對於明知RMI已被修改或刪除的著作，也要禁止進一步地散布或傳輸。1996年世界智慧財產權組織（World Intellectual Property Organization, WIPO）通過了「世界智慧財產權組織著作權條約」（*WIPO Copyright Treaty*, WCT）及「世界智慧財產權組織表演及錄音物條約」（*WIPO Performances and Phonograms Treaty*, WPPT）等二項國際條約，要求各會員國應建立有關TPM與RMI制度，以保護著作人在數位網路科技環境中的權利。

我國在2003年及2004年兩次修正著作權法，分別增訂關於RMI與TPM的規定。

在RMI方面，明定「權利管理電子資訊」的範圍，包括「於著作原件或其重製物，或於著作向公眾傳達時，所表示足以確認著作、著作名稱、著作人、著作財產權人或其授權之人及利用期間或條件之相關電子資訊；以數字、符號表示此類資訊者，亦屬之。」在第80條之1禁止對「權利管理電子資訊」加以移除或變更。若是明知著作上的這些資訊，業經非法移除或變更者，也不得散布或意圖散布而輸入或持有，亦不得公開播送、公開演出或公開傳輸，違反這些禁止規定而致著作權人受損害者，要負民、刑事責任，最高可處一年以下有期徒刑，併科25萬元罰金。

在TPM方面，先明定「防盜拷措施」的定義，「指著作權人所採取有效禁止或限制他人擅自進入或利用著作之設備、器材、零件、技術或其他科技方法。」在第80條之2對於禁止或限制他人擅自進入著作的防盜拷措施，禁止加以破解、破壞或以其他方法規避，也就是非法進入資料庫。更進一步禁止製

造、輸入、提供公眾使用那些破解、破壞或規避各種防盜拷措施的設備、器材、零件、技術或資訊，也不得爲公眾提供這些服務。違反上述規定者，應負民事賠償責任。不過，違反禁止規避的行爲，沒有刑事責任，但提供規避技術的行爲，最高可處一年以下有期徒刑，併科25萬元罰金。

數位科技對於資訊流通的負面挑戰

透過數位網路技術進行資訊傳輸，再藉法律限制對於這些數位科技的破解，以保護數位資訊傳輸，是著作權法制上不可抵擋的趨勢，也使得網路數位資訊資料庫的經營成爲可能而普遍。不過，在這些技術之下，原本人們可以免費地到書店隨意看書，或到圖書館影印一、二頁內容，自行參考等的機會，將可能因爲所有資訊都被鎖碼，而不再成爲可能。這是人們面對法律與資訊結合發展後，必要的省思。

單元3

著作權保護與合理使用

 著作權保護與合理使用

　　一般人望文生義，一定會認為著作權法的立法目的，是要保護著作人的權益。不過從著作權法第1條規定，可以更進一步的體會，保護著作人的權益，並不是著作權法的唯一目的。著作權法第1條規定：「為保障著作人著作權益，調和社會公共利益，促進國家文化發展，特制定本法。本法未規定者，適用其他法律之規定。」所以說，著作權法立法的終極目的，是要「促進國家文化發展」，而為了要達到這項目的，必須透過「保障著作人著作權益」與「調和社會公共利益」之手段。

 了解著作權法之真諦

　　從整部著作權法的內容來看，其實僅在規範兩件事：1.如何保護著作人權利；2.公眾有何「合理使用」（fair use）的機會。著作權法先賦予著作人著作權，但為公益之考量，又以「合理使用」規定，限制著作財產權之行使。

　　「合理使用」形成的原因有私人非營利之使用、基於隱私權之保護、公益之考量，也有促進學術、教育、新聞自由等之因素，甚至也有基於授權成本不敷授權所得的考量。依國際所遵行之伯恩公約（*Berne Convention*）第9條第1項所樹立的原則，合理使用必須是：

1. 僅限於某些特定之情形下。

2. 未與著作之通常利用相衝突。

3. 不至於不合理地損害著作人合法利益。

所以，合理使用還是必須以法律做有限制的規範，不可以過於廣泛。

「合理使用」在性質上，並不是利用人積極的權利（rights），而僅是著作權法在特定情形下，所特別賦予利用人的特權（privileges），如同國會議員的「言論免責權」一般，國會議員的「言論免責權」是為了保障民主殿堂上的質詢，法律上特別賦予國會議員萬一罵到人可以不必負責的「抗辯權」，可不是說國會議員享有可以罵人的「權利」。同理，「合理使用」的法律效果，是為了某些學術、言論、新聞或其他公益考量，讓利用人在一定範圍內，不必經過授權，就可以利用他人的著作，並以法律明文規定，這些行為不會構成著作財產權的侵害，並不是說利用人享有一項可以利用他人著作的權利，當然也不發生轉讓「合理使用」權利的問題。

真正認識何謂「合理使用」

「合理使用」是著作權法制中的「黑洞」，因為法律無法明確規定，使用別人多少著作是「合理使用」，而其認定又常因各種利用情形不同，或隨著科技的發展，隨時會有不同的結論。例如，寫一篇關於畢卡索畫風的論文，利用畢卡索的一幅畫，以作為說明，可以被認為是「合理使用」；反之，利用畢卡索一幅畫中的一小部分，做成領帶銷售，就不能被認為是「合理使用」。又例如，從網路上下載許多篇文章供自行研究，基於資訊流通自由，會被認為是「合理使用」；反之，從

網路上下載許多首MP3音樂檔案供私下欣賞，會嚴重影響CD之銷售量，而被認爲非「合理使用」。著作權法第65條第2項對於「合理使用」，僅能規定抽象的原則，讓法院於個案做彈性認定，包括：

1. 利用之目的及性質，包括係爲商業目的或非營利教育目的。

2. 著作之性質。

3. 所利用之質量及其在整個著作所占之比例。

4. 利用結果對著作潛在市場與現在價值之影響。

「合理使用」範圍不明確，在各國著作權法中皆如此，但我國之所以會成爲眾矢之的，在於現行的民事訴訟法制不足以使著作權人獲得有效的救濟，讓著作權人寧可採取「以刑逼民」的途逕，快速獲得著作權侵害的賠償，造成全民皆罪的恐慌，2003年7月修正著作權法，曾將非營利而且未造成嚴重侵害結果的侵害除罪化，只可惜因爲盜版泛濫造成國際經貿談判的壓力，2004年9月修正著作權法又改變這項政策，回復舊制。

 如何解決「合理使用」爭議

爲了解決「合理使用」範圍不明確的爭議，著作權法第65條第3項及第4項規定，著作權人團體與利用人團體，可以就著作之「合理使用」範圍達成協議，作爲是否「合理使用」判斷之參考。在協議過程中，並得諮詢著作權專責機關之意見。然而，由於利用人擔心團體協商會縮小「合理使用」的範圍，著作權人又寧可以刑事訴訟解決「合理使用」爭議，這項在國外可行的機制，終究無法在國內落實。

　　「合理使用」之標準既然會隨不同情形而有相異的結果，而「合理使用」抗辯不成功，則會構成著作權侵害。為避免捲入不必要的紛爭，秉持「己所不欲，勿施於人」之立場，應很容易自行檢測是否符合「合理使用」標準。此外，除非有把握構成「合理使用」，否則，利用他人著作前先打一聲招呼，獲得同意，是最保險的做法。

單元4

出版品的版式、裝幀、插畫與權利保護

　　作者完成創作，交給出版社發行，雖然作者對於他的作品仍然享有著作權，並沒有把著作財產權讓給出版社，可是作者在出版期間屆滿以後，拿回作品自己出版，卻被出版社控告侵害著作權；出版社再版其他出版社早期發行，現在已經絕版且年代久遠的作品，作者都已經過世超過五十年，可是還是被人指控侵權。這到底是怎麼回事？很多作者和出版社都忽略了版式、裝幀或風格的法律保護，以為只要注意不要用別人的作品，就一定沒事。

　　作者完成創作，享有著作權，他將出版的瑣事交給出版社去處理，雙方並沒有約定把著作財產權讓給出版社。出版社找來美編人員，為作者的文稿進行版面的排版編輯，讓書籍的版面更加親切可讀，有時還要隨著作品的內容，另外配上插圖，產生畫龍點睛的效果。尤其是封面或是書籍的開本大小，都會決定作品在書架上是不是能吸引讀者的目光，提高銷售量。這些出版的瑣事，是作者所不屑為之，但常常是作品能不能暢銷的主要原因。如果深刻了解這些人力、物力與智慧的付出，就可以知道一本書的成功，不完全只是作者的心力而已。

　　出版社對於出版品的版式、裝幀，可以有法律上的權利。中國大陸2001年修正的著作權法中，在第四章「出版、表演、錄音錄像、播放」第35條規定「出版者有權許可或者禁

止他人使用其出版的圖書、期刊的版式設計。前款規定的權
利的保護期爲十年，截止於使用該版式設計的圖書、期刊首
次出版後第十年的12月31日。」在第五章「法律責任和執法
措施」第46條也規定，「未經出版者許可，使用其出版的圖
書、期刊的版式設計」，屬於侵權行爲，應當根據情況，「承
擔停止侵害、消除影響、賠禮道歉、賠償損失等民事責任」。
這是把「版式設計」和作品切割，特別給予十年保護的立法。

　　臺灣的著作權法雖然沒有類似的規定，但出版品的插圖、
照片和封面設計，一樣可以是個別獨立的美術著作、語文著作
或攝影著作，享有和作者的作品相同的著作權法保護。

　　事實上，出版社一向很重視自己權利的保護，如果不是事
先的特別約定，或是付出相當的代價，一般的作者是不可能握
有出版社排版完成的電子檔案或原版紙本，因爲這是出版社投
注很多心力與財力的成果，不可以輕易外流，即使是作者也一
樣不能拿到。這樣的處理，除了保護出版社自己在著作權法上
的權利，也可以讓那些不屬於著作權法或其他法律上的投資，
例如版面的調整安排、手寫稿的電子檔建立等，在事實上獲得
保障。

　　明白以上的利害關係，作者若是在出版契約期滿，想要自
己出版，或是另外找出版社出版，除了自己作品的內容，都要
重新編排版面、插畫或攝影，並另外設計封面，否則就會侵害
原出版社的著作權。

　　著作權法保護「表達」，不保護「觀念」（著作權法§10），
所以出版品的「風格」，並不能受到著作權法保護。不過，使
用與其他出版社風格相同的封面設計，使得讀者誤認這本書就
是那個出版社系列的書籍，這種會造成實際上混淆的結果，可

能會違反公平交易法或是消費者保護法。

　　公共所有（public domain）的作品，在使用上也要注意。依現行著作權法規定，作者過世超過五十年，著作財產權的保護期間就已經屆滿，任何人都可以利用。但是作品裡的插圖、攝影、封面或其他文稿，是不是也是屬於公共所有，利用人也要注意。甲出版社早在1970年代發行一本「紅樓夢」的書，已經絕版，乙出版社認為「紅樓夢」是古書，就直接以絕版書翻印，未料其中的插圖是甲出版社自己找人創作後放進去的，這些插圖目前還受著作權法保護，乙出版社直接翻印甲出版社的「紅樓夢」，當然就會侵害甲出版社插圖的著作權。

　　在中國大陸還發生過翻印公共所有的書，構成侵害商標權的特殊案例。大陸作家張潤芳及社科出版社在翻譯出版英國作家畢翠克絲・波特女士在1902年至1913年期間創作的彼得兔（Peter Rabbit）系列童話作品，同時也使用波特女士的彼得兔插畫。理論上，既然這一系列作品已經因為波特女士過世超過五十年而成為公共所有，不會構成侵害著作權。未料，有一家沃恩公司在1996年將波特女士創作的插圖申請註冊商標為彼得兔被獲准。這下子使用公共所有的著作，則成為侵害商標權。

　　電子報的發行也會有版式的侵害問題，數年前，上海的電子報「新聞晚報」，被美國的「今日美國」（USA Today）控訴侵害其版式的權利，因為「新聞晚報」的編輯版面，完全使用「今日美國」的版面，使得網友們誤認為是「今日美國」的大陸版。專家們都認為，雖然這一案件不能用著作權法、專利法或商標法解決，但應該可以用「反不正當競爭法」，即我們的公平交易法來處理。

　　出版品的版式、裝幀或風格，有些可以用著作權法保護，有些可以用商標法、公平交易法、消費者保護法，或者是用契約，或是實質的電子檔嚴格管制不外流等方式，達到保護的目標。作為一個作者或利用人，千萬不要忽視版式、裝幀或風格在法律上或實質上保護的重要性，更不能以為只要是自己的書，或是古人作品的出版品，就一定可以直接翻印，一定要先確認，是不是那本出版品眞的只有自己的作品，沒有他人的版式、裝幀或風格，或是完全是公共所有的作品。

單元5

利用著作的授權好幫手——著作權集體管理團體

　　1847年的某一天，法國作曲家Paul Henrion及Victor Parizot一起在巴黎著名的音樂餐廳Ambassadeurs用餐，他們是所有用餐客人中，最感到欣喜與榮耀的二位，因為現場樂師演奏的，正是他們所創作的音樂。用餐完畢後，這兩位創作者卻決定拒絕支付在餐廳的消費，他們認為，既然餐廳主人在現場演奏他們的音樂沒有支付任何對價（法律用語，即對等的代價），他們理所當然也不必就餐廳所提供的雅座及美食支付費用。經過一番訴訟，法院判定餐廳主人演奏Paul Henrion及Victor Parizot的音樂，應該支付適當的對價。

 ## 關於世界各地的著作權集體管理組織

　　雖然獲得勝訴，但Paul Henrion及Victor Parizot如何知道巴黎或世界上還有哪些餐廳在演奏他們音樂？要怎樣才能收到使用報酬呢？於是，在1850年，法國的作詞作曲家們，共同成立了「著作權集體管理組織」（Copyright Collective Management Organization），也就是法國目前仍在運作的「音樂作詞作曲家協會」（Socie'te' des auteurs, compositeurs et e' diteurs de musique, SACEM）的前身。

　　源於法國的音樂著作之表演權收費團體，世界各國漸漸地發展出類似的團體，其所負責的業務範圍，不僅限於音樂

著作表演權之收費，更及於各類著作之不同權限的集體管理（collective administration），在功能上更包括利用之授權（license of exploitation）、權利金之收費（collection of remuneration）、利用之監看（monitor of exploitation）、使用報酬之分配（distribution of royalties）及侵權之訴訟（lawsuit of infringement），甚至及於有利於全體著作人權益之公益活動，包括遏止盜版盜用之宣導、優良作品之獎助及貧困著作人之扶助等。

目前各國較有名而運作健全的著作權集體管理組織，仍以管理音樂著作表演權之團體為主，包括德國的GEMA、英國的PRS、日本的JASRAC、美國的ASCAP、BMI、SESAC等。從而其屬於國際性之著作權集體管理團體聯盟，亦以管理音樂著作之表演權團體為先驅，即1926年於法國巴黎由18個各國音樂著作表演權集體管理組織所成立之國際作家及作曲家聯合會（International Conference of Societies of Authors and Composers, CISAC）。

臺灣過去將著作權集體管理組織稱為「著作權仲介團體」，並在1996年底制定了著作權仲介團體條例。2010年又修正該條例，正名為「著作權集體管理團體」。目前，由經濟部智慧財產局依該條例核准的著作權集體管理團體包括：

1.社團法人中華音樂著作權協會（MUST）。
2.社團法人亞太音樂集體管理協會（ACMA）。
3.社團法人台灣音樂著作權集體管理協會（TMCA）。
4.社團法人台灣錄音著作權人協會（ARCO）。
5.社團法人中華有聲出版錄音著作權管理協會（RPAT）。

著作權集體管理組織的角色和功能

　　著作權集體管理團體對於著作的合法利用，扮演非常重要的角色，也是一個社會是否落實著作權保護的重要指標。一個社會如果沒有著作權集體管理團體的存在與健全運作，象徵著兩個極端的事實：1.著作無法被充分有效地利用，對著作財產權人、利用人，乃至一般社會大眾而言都是一項損失；2.著作被廣泛地利用，但著作財產權人之權益一再地受侵害而束手無策，利用人縱使有心守法，亦無管道洽談授權情事。

　　有了著作權集體管理組織，著作權人可以透過授權契約，放心地將著作財產權交給集體管理組織，自己專心創作，每隔一段期間就可以被分配到一筆使用報酬，只要從中扣掉一部分管理費給組織，就能獲得這些好處；而在利用人方面，只要與著作權集體管理組織簽約，每一年支付一筆固定的使用報酬，就能使用該組織所管理的所有著作。這樣的集體管理機制，有利於著作的廣泛利用，著作財產權人的權利受到保障，利用人也可方便合法地利用著作，有助於社會公平正義的實現。

　　著作權集體管理組織的真正功用，不在防止著作的利用，而在促進著作的利用。「授權使用」觀念的建立並不容易，要利用人「使用者付費」更難。教育宣導與合作互利，是著作權集體管理組織重要的策略，取締侵害則是最後不得已的防衛武器，不宜輕易使用。「授權使用」觀念的建立，可與「使用者付費」機制相互搭配，團體協商則是很重要的手段。除了提供免費的教育活動，宣導「授權使用」觀念外，著作權集體管理組織還可採取與利用人團體進行協商的做法，透過利用人團體的內部管道，傳達協議過程所建立的「授權使用」觀念，貫徹

落實協議最後的「使用者付費」結果。

　　不僅是音樂著作的利用人，所有各種類別著作的利用人，例如文字或語文類的著作利用人，都應該注意養成合法利用著作的習慣，善用著作權集體管理組織的集體管理功能，降低逐一尋找著作財產權人個別洽談授權條件的行政成本，這樣才能提高利用著作的效率，促進社會和諧。

第 ② 篇
著作人必讀篇

單元6　著作人的姓名表示權

單元7　我的著作，我決定——談學術論文公開發表權

單元8　怎樣才算作品的公開發表？

單元9　「哈利波特」的法律金鐘罩——著作權

單元10　當電子書變成有聲書，作者怎麼辦？

單元6

著作人的姓名表示權

 「著作人格權」的重要性

依據著作權法規定，著作人完成著作以後，不待做任何登記或申請，就自動享有著作權。著作權可以再區分為「著作財產權」與「著作人格權」。

創作是一項嘔心瀝血的過程，也像母親孕育生產子女一般地辛勞，著作人對於自己的每一件作品，都有著深厚不可分割的關係。著作人對於他的「著作財產權」，是屬於法律所賦予經濟上的利益，受有終身加五十年保護期間的限制，而且是可以加以轉讓的。不過，在著作權法的設計上，著作人的「著作人格權」，是永遠受保護的，不會因為著作人過世而受影響，也不會隨著作財產權期間的屆滿而消滅。為了保護著作人與其作品的深厚關係，著作權法甚至規定「著作人格權」不可以繼承或轉讓。

 何謂「姓名表示權」？

「著作人格權」可以再細分為「公開發表權」、「姓名表示權」及「禁止不當修改權」。其中，「姓名表示權」常常是著作人最關切，也是「著作人格權」中最具關鍵性的權利。

所謂「姓名表示權」，是指著作人在完成著作以後，對於他的著作，有權決定要以何種方式，表示著作人的姓名。「姓

名表示權」的表示地點，可以是在文字的原稿上、發行的書本或文章上、畫作或雕塑原件作品或複製品上、影片內容或DVD或CD的封面上、表演節目單上或展出說明書上，也可以是口頭的說明。至於表示方式，可以是著作人的本名，本名以外的別名，也就是筆名，也可以是不具名。

「姓名表示權」不僅針對原著作有適用，應及於依原著作所改作的衍生著作。例如，哈利波特的原著，是英國作家喬安娜·羅琳的英文小說，將這本英文原著翻譯成中文，或是改編成電影，除了要標示中文譯者或電影導演的姓名外，也都要註明原著名稱及喬安娜·羅琳是原著作者，否則會侵害喬安娜·羅琳的「姓名表示權」。

行使「姓名表示權」的考量

著作人在他的著作上標示他的本名，可讓大家知道這是他的作品。著作人與著作的關係，非常微妙。有的作者是因為他的作品內容被肯定，進而名滿天下；相反地，有的作品則是因為拜作者知名度之賜，進而榮登暢銷排行榜。

有些著作人，不願意以本名發表著作，而採用別名發表著作，其動機可能是本名不夠優雅、或本名與作品風格不合、或不想讓一般人知道這是他創作的、或基於行銷策略的考量等，不一而足。

同一個作者，可以分別用本名及不同的別名，發表不同類型或風格的著作。例如，一個文筆很好的醫生，可以用本名發表學術論文，建立其醫學專業權威，再用比較嚴肅的別名，發表淺顯的醫學新知短文，教育普羅大眾，另外使用文雅的別名，發表感性文學作品，抒發情感。對於他的各種作品，作

者決定使用不同的姓名為著作人後，任何人都不可違背他的本意，任意更換，否則就會侵害作者的「姓名表示權」。

除了本名與別名，作者也可以決定以不具名的方式，發表他的著作，社論就是最典型的例子。社論為了顯示其中立的立場，或者是代表報社或刊物的立場，由執筆者以不具名的方式，發表論著，展現其對社會時事的關切。以不具名的方式發表文章，有時候可以收到客觀的效果，讓讀者直接由文章的內容，接收其所要傳達的理念，不必因為事先知道作者的身分，先入為主地就文章的每一段話，揣測其動機，比較容易毫無預設立場地判斷是非曲直。

「姓名表示權」的保護，在著作權法第16條也有一些例外規定，例如，將他人著作加以彙編時，除非著作人有特別表示或違反社會使用慣例，利用人可以使用自己的封面設計，並加冠設計人或主編的姓名或名稱。又依著作利用的目的及方法，對於著作人的利益無損害之虞，且不違反社會使用慣例時，也可以省略著作人的姓名或名稱。

行使「姓名表示權」之其他法律效果

在創作保護主義之下，著作權法刪除註冊或登記制度後，要如何證明自己是著作人及著作權人，變得很重要。著作權法第13條規定，如果沒有其他相反的證據可以推翻，著作上所標明的著作人或著作財產權人，就是真正的著作人或著作財產權人。著作人行使「姓名表示權」的結果，自然也會產生法律上「推定為真正」的效果。

「姓名表示權」之行使，也會與著作財產權發生關聯。因為一旦確認著作人是誰，不管是法人或是自然人，就可以依此

計算著作財產權的存續期間。例如：藉此知悉誰是著作人，由該著作人的實際生存期間，估算該著作自著作人終身加五十年的著作財產權期間；或者藉此知悉是法人的著作，估算該著作自公開發表後五十年的著作財產權期間。

著作人行使「姓名表示權」時，縱使以別名或不具名方式為之，如果可以其他方式證明真正的著作人是誰，還是可以依前述自然人或法人著作的方式，估算該著作的著作財產權期間。例如，某大報的特定專欄或社論，從來沒有具名誰是執筆者，但公眾都知道實際執筆者是誰。這些著作，都還是可以依該執筆者終身加五十年，計算著作財產權存續期間。

此外，合理使用（fair use）是對於著作財產權的限制，對於著作人格權不生影響。所以寫論文時，在合理範圍內引註他人著作，作為自己著作的參證註釋，著作財產權人不能反對，可是，若未註明出處或標示原作者姓名，就會侵害「姓名表示權」。

公務員對職務著作沒有「姓名表示權」

一般員工職務上的著作，若與公司無特別約定，依著作權法第11條規定，雖以員工為著作人，但著作財產權則歸公司所享有。如果是委外的專案，若無特別約定，依著作權法第12條規定，是由受聘人享有著作人格權及著作財產權，也可以約定由受聘人享有著作人格權，但著作財產權歸出資人享有。這些情形下，著作人雖然沒有著作財產權，卻可以行使「姓名表示權」，要求在其所完成的著作，表示他的姓名。

公務員由於身分及工作性質特殊，著作權法第16條特別規定，公務員依第11條及第12條規定為著作人，而著作財產

權歸該公務員隸屬之法人享有的時候，公務員不能享有「姓名表示權」。假設行政院研考會出版「政府出版品製作與行銷策略分析」一書，是由研考會同仁職務上所執筆完成的。若研考會同意標示執筆同仁之姓名，固然沒問題，若研考會認為這是政府出版品，為彰顯其權威，決定僅以研考會作為發行機關名義，不標明執筆同仁姓名，執筆同仁因為前述的法律明文限制，不能享有「姓名表示權」，就不得主張要掛名是該書的執筆者。同樣地，總統的元旦文告，必定是幕僚同仁執筆，不會是總統親自完成。執筆的幕僚同仁，也不能要求在總統文告上，標明他是著作人。

冒名創作不是侵害「姓名表示權」

　　「姓名表示權」，是作者決定要以什麼方式表示著作人名義的權利，一旦他做了決定，別人就不可以變更他的表達方式。任意把作者的別名換成作者的本名，或變成不具名，會侵害作者的「姓名表示權」；把別人的作品標上自己的姓名，也會構成侵害作者的「姓名表示權」。

　　「姓名表示權」是著作權法所賦予作者，對於他的特定著作，所能享有決定以何種方式表示作者姓名的權利，所以一定要有特定著作的存在，才有「姓名表示權」可言。如果是冒用他人的姓名發表著作，著作是冒用者自己完成的，只是冠上別的知名人士的姓名，該知名人士並沒有任何著作被冒用，這種情形不是侵害知名人士在著作權法上的「姓名表示權」，而是侵害該知名人士在民法第19條的姓名權，實務上也有法院認為會構成違反刑法第210條的偽造私文書罪。此外，假冒他人之名發表著作，若是以攀附他人之知名度，欺罔公眾，促銷自己的

著作爲目的，也有違反公平交易法或消費者保護法的可能。

結語

　　「姓名表示權」是著作人藉以對外展示自己和作品有所關聯的重要權利，讀者因此認知某一個著作是何人所創作。古今中外，文人能名傳千古，流芳百世，全賴「姓名表示權」的行使。當然，有一些苦難型的作家，也因爲「姓名表示權」的行使，堅持以他人所不知的別名，或是以不具名的方式，發表政治性或批判性的文章，規避了政治上的迫害，保全了自己的生命。「姓名表示權」的重要性，由此可證。

我的著作，我決定——談學術論文公開發表權

藏諸名山還是傳之久遠？

　　漢朝的時候，印刷術還沒有誕生，書籍的發行都還是竹簡的手抄本。司馬遷為了辯護李陵並不是真心投降匈奴這件事，得罪了漢武帝，當時他有三個選擇，罰錢、死刑或宮刑。由於他為官清廉，家無恆產，無從以錢贖罪，而他先前曾立下宏願，要完成「史記」，以「究天人之際，通古今之變，成一家之言」，然而「草創未就，會遭此禍，惜其不成，是以就極刑而無慍色」，所以只好忍辱偷生，接受宮刑。等到司馬遷以獲罪之身，寫完了「史記」，又惟恐當政者懷疑他著書目的，進而對這本鉅著產生不利，所以起初只是把這一批竹簡，藏在院子裡的小角落，不敢廣為發表。

　　後來，漢武帝寵信江充，太子劉據遭江充誣陷而造反，時任刺史的任安（少卿）曾予聲援。事敗之後，任少卿被判處死刑，繫於獄中，冀望司馬遷能本於「推賢進士」之心，出面援救。有了李陵一案的慘痛教訓，司馬遷深知仗義直言亦無濟於事，故無所行動，直到任少卿臨刑之際，才回了一封信，就是後世知名的「報任少卿書」。在書信中，司馬遷詳述創作「史記」的心歷路程，最後特別提到，「僕誠以著此書，藏之名山，傳之其人，通邑大都，則僕償前辱之責，雖萬被戮，豈有悔哉！然此可為智者道，難為俗人言也！」他自述並不急於把

「史記」廣爲流傳，而是要藏在名山之中，等到適當時機，再讓後來志趣相投的人欣賞。

著作人格權及公開發表權

著作人完成著作後，自動就享有包括著作人格權與著作財產權在內的著作權。其中，公開發表權是著作人格權的一種。依據公開發表權，著作人對於他的著作，有權決定要不要發表、何時發表、在哪裡發表、以何種方式發表他的著作。

著作「公開發表」的方式，包括「發行、播送、上映、口述、演出、展示或其他方法向公衆公開提示著作內容」，這當中當然也會涉及到著作財產權的行爲。不過，公開發表權並不會因爲著作財產權保護期間屆滿，而受到影響，如果著作人完成著作後，始終沒有公開發表，縱使在他過世五十年後，著作財產權保護期間已經屆滿，任何人也都不可以把它發表。

即使著作人把他的著作財產權讓給他人，他也可以特別要求不准發表他的著作，這時，取得著作財產權的人，沒有經過著作人的同意，也不可以公開發表這一著作。

學術論文的公開發表權

美國前第一夫人希拉蕊，在四十多年前以激進派社區運動倡導者索爾·阿林斯基爲主題，寫了一篇92頁，名爲「只有如此鬥爭：阿林斯基模式的分析」的學士論文。這篇論文在柯林頓當選總統開始，就成爲媒體與政敵分析希拉蕊政治理念的重要根據，希拉蕊曾要求她的母校衛斯理學院，將這篇論文列爲禁止公開的檔案文獻，直到2001年才「解密」。後來有人想在eBay上面拍賣這篇論文的盜印版，希拉蕊就是以著作權

法迫使賣家撤下網拍。

　　無獨有偶，先前報載臺大校長李嗣涔要求臺大圖書館將其指導的碩士生「撬場」相關畢業論文「封鎖十年」，學者們多指責是以行政力量，干預學術研究資訊的公開。很多學校的指導教授，要求學生未經其同意，不可以任意發表論文，或是將碩博士論文公開，其原因可能是涉及到專利或營業秘密的保護，也可能是為配合教授在科技部或其他研究案的企劃時程。這在雙方同意的契約自由原則下，沒有什麼不可以。比較有爭執的是，若學生與教授不是在平等的地位下約定，或是學校、教授單方的強制要求，是不是對學生較不利？學生可不可以透過司法訴訟，要求確認該契約違反公平原則而無效？

　　著作權法第15條第2項第3款規定，碩博士生依學位授予法取得學位後，推定他同意公開發表他的碩博士論文。因此，不少碩博士生在離校繳交碩博士論文時，都會特別註明不可公開，使得很多碩博士論文無法流通。2018年修正公布的學位授予法第16條，為促進學位論文流通及提升論文品質，要求碩博士生畢業時，應將碩博士論文提送所屬學校圖書館及國家圖書館，而國家圖書館應該在館內公開這些碩博士論文給公眾閱覽，除非這些碩博士論文因為涉及機密、專利申請或依法不應公開的情形，並且要經學校同意不公開。

單元8

怎樣才算作品的公開發表？

　　一般的徵稿或文學獎競賽規則中，常會特別註明：「來稿以未曾公開發表之作品為限，且同一作品請勿兩投。」實務上，偶也發生有些得獎作品，因為已經公開發表過，而被取消資格。但也有些作者因為一稿兩投的行為，被列入拒絕往來的黑名單中。

　　徵稿或競賽，為何限於未公開發表的作品，並禁止一稿兩投呢？這樣的要求，在目前網路活動普遍，新聞臺、部落格或社群討論版蓬勃的環境下，到底還有沒有意義？要如何重新定義未公開發表的真義？都很值得再思考。

 認識「公開發表」

　　現行著作權法制規定，個人的作品一旦完成就受保護，不管是不是有「公開發表」，它的保護期間是到作者死後五十年。然而，在著作權法制剛建立時，作品的「公開發表」是一件很重要的事。在當時，作者完成作品時，法律還不給予保護，必須等到作者將作品「公開發表」，與大家分享他個人的智慧成果時，法律才自作品「公開發表」時起算的一定保護期間。如果作者不「公開發表」他的作品，就表示沒有要與大家分享的意思，既然社會享受不到個人的智慧成果，法律也不須保護它。

　　雖然，隨著著作權法制的演進，作品有沒有「公開發表」，已經不如過去來得重要，但是「公開發表權」仍是作者享有的「著作人格權」中的一項重要權利，這項權利專屬於作者本身、不可讓與、不可繼承。且在「公開發表權」之下，作者對於他的作品，享有要不要發表、什麼時候發表、以什麼方式發表的決定權利。這一權利，其實就是作品的「首刊權」，也就是第一次的「公開發表權」，作品一旦「公開發表」之後，就不再有後續的「公開發表權」。

　　著作權法對於「公開發表」的定義是「權利人以發行、播送、上映、口述、演出、展示或其他方法向公眾公開提示著作內容」，其中，「發行、播送、上映、口述、演出、展示」是公開方法，而「向公眾公開提示著作內容」則是其最後的效果。從而，寫完日記，沒有公諸於世，不是「公開發表」；作品投稿後，在未被刊登前，也還不是「公開發表」。

「公開發表」的範圍

　　所謂的「公眾」，在著作權法的定義是「指不特定人或特定之多數人。但家庭及其正常社交之多數人，不在此限。」所以，將個人私密的心情日記，改放在網路上的新聞臺、部落格或社群討論版，讓大家都可以接觸，是「向公眾公開提示著作內容」，即使是鎖碼或會員制才能接觸或參與討論，只要持有密碼或會員不限於「家庭及其正常社交之多數人」，也都算是「向公眾公開提示著作內容」。

　　徵稿或文學獎競賽規則限定作品應未曾公開發表或禁止兩投，其目的在取得作品的「首刊權」，也就是第一次的「公開發表權」的優勢，媒體或主辦單位有此明文要求，作者就應該

加以配合，一方面是關於契約的履行，另一方面也是對於媒體或主辦單位的尊重。然而，網路發表管道的興起，卻嚴重挑戰既有觀念的延續。

　　學術上傾向不引註單純在網路上發表的作品，是考量到其作品的品質不若期刊上的作品，沒有經過嚴謹的審核程序。相對地，作者在網路上發表文章，隨筆的性質居多，希望引起共鳴，提供建議與評論，最後也會進一步修正。很多作品也都是在網路發表後，再經過整理、修正、集結，正式以紙本發行。除非網路的發行能建立嚴謹的審稿機制，作者也以正式發表的心態貼文，否則，網路發行始終無法被認為與平面紙本發行等值。不過，這都需要時間與經營規模的演化，無法一蹴可幾，也不可能全面化。

　　未來的發展，書籍、報章與雜誌雖然不至於完全被網路所取代，但網路絕對可以與書籍或報章、雜誌並駕齊驅，則大家對於網路的發表，遲早必須認為與書籍或報章、雜誌上的發表，沒有太大的區別，而目前的情形，可能只是一個過渡期間，介於一個當口，一方面不認為網路發表是正式的「公開發表」，另一方面卻又不得不承認，網路發表已有「公開發表」的事實。

　　在沒有人能預期這樣的過渡期間到底多長以前，媒體或主辦單位若還要堅持取得「絕對的首刊權」，就必須在徵稿或文學獎競賽規則中，做更明確的規範，具體的建議例如：「來稿以未曾以任何形式公開、發表於各類媒體之作品為限，包括其全部或部分內容，不得曾在網路新聞臺、部落格或社群討論版等管道發表，且同一作品請勿於上開各類媒體多投。」這既是對於自身與讀者權益的明確宣示，也是依著作權法釐清大眾對

於「公開發表」的誤解，以共同維護「首刊權」或第一次「公開發表權」的正確觀念，並使作者對於徵稿或競賽作品，養成審慎發表的習慣。

單元9

「哈利波特」的法律金鐘罩——著作權

　　全球狂賣的「哈利波特」系列小說裡，隱形斗篷是使虛擬主人翁「哈利波特」來去自如、無往不利的魔法寶物，但在現實世界裡，著作權法則是作者喬安娜‧羅琳真正需要的法律金鐘罩。沒有著作權法的保護，「哈利波特」的魔法也無用武之地。

 ### 「哈利波特」作者的七記法寶

　　喬安娜‧羅琳的著作權第一記法寶，是著作人格權中的「姓名表示權」。她的本名是Joanne Rowling，由於「哈利波特」是以魔法少年的成長歷程為故事主軸，原先鎖定的讀者群是青少年。取得小說發行權的英國出版社Bloomsbury公司深知，青少年會排斥媽媽作者叨絮煩冗的小說，為了方便行銷，羅琳接受出版社的建議，從她的祖母Kathleen Ada Bulgen Rowling的名字中，取了Kathleen組成Joanne Kathleen Rowling的筆名，再簡稱為J. K. Rowling，這樣中性的筆名，既可以隱藏作者是女性的事實，也不會被認為是欺騙讀者。羅琳決定了她在作品上使用的筆名後，依法誰也不能更改，或是標上她的本名。2001年底，羅琳嫁給了第二任丈夫Neil Michael Murray，如今，她在法律上的本名是Joanne Murray。

　　羅琳的著作權第二記法寶，是著作人格權中的「公開發表

權」，羅琳依法有權決定她的作品在何時以何種方式對公眾發表。「哈利波特」系列採取全球同步發行，每一集「哈利波特」上市前，內容都保密到家，所有通路被要求簽署保密條款，不准在預定時間前賣出或對外公開內容，在全球讀者如痴如渴地焦急等待中，將「哈利波特」系列推上銷售的顛峰。

羅琳的著作權第三記法寶，是著作人格權中的「禁止不當修改權」。羅琳要求所有的翻譯本與改編電影，都必須忠於原著，不可以有簡省或不同的情節，她甚至參與電影的製作及拍攝，以確保電影內容能夠緊扣小說續集的情節發展，只是在第七集小說出版以前，她始終沒有明白地告訴飾演「哈利波特」的童星，他到底會不會喪命。

羅琳的著作權第四記法寶，是著作財產權中的「翻譯改作權」。1997年6月27日「哈利波特」第一集「神秘的魔法石」在英國出版後，迄今已有63種不同語言的翻譯本，在全世界共發行超過3億2,500萬冊，臺灣的正體中文版，是由皇冠出版社於2000年6月23日初版，迄今六集的銷量，已經突破500萬冊。由於官方授權中譯本的發行向來作業嚴謹而緩慢，等不及的哈迷只好自力救濟，集合一群翻譯快手，兩三下就通通譯完，上網與大家分享。這些動作當然是侵害羅琳的改作權，只是這樣的散布沒有營利，多少也造成「哈利波特」系列的擴散廣告效果，所以一直未見羅琳或出版社採取任何法律行動，但這可不表示不構成侵害著作權。

羅琳的著作權第五記法寶，是著作財產權中的「電影改作權」。自從2001年11月「哈利波特」第一集「神秘的魔法石」改編電影發行以來，每集都為羅琳帶來七位數美元權利金收入，這還不包括因為電影周邊商品的授權費用。七集小說於

2001年至2011年改編成八部電影發行，累積的權利金已經是天價。雖然是美國好萊塢電影製作，但「哈利波特」的「電影改作權」授權還附有許多條件，例如，全部場景必須在英國拍攝，演員卡司都要是英國人，沒有任何好萊塢明星，並健康地為「哈利波特」電影宣傳，更不可以和速食業搭上邊，即使可口可樂贏得了和「哈利波特」系列電影的宣傳機會，也被要求捐助1,800萬美元給美國兒童閱讀基金會（The Children's Reading Foundation）等公益組織。

羅琳的著作權第六記法寶，是著作財產權中的「禁止真品平行輸入權」。以中文翻譯而言，羅琳可以分別在中國大陸授權翻譯簡體字版，和在臺灣授權翻譯正體字版。著作權法允許著作人做這種市場區隔，如果有人未經授權，從中國大陸將簡體字版輸入臺灣，羅琳有權加以禁止。這種情形，在「哈利波特」系列原文小說或電影，也有其適用，未經授權，不可以任意從海外輸入臺灣。

羅琳的著作權第七記法寶，是著作財產權中的「一般改作權」。很多哈迷等不及續集的發行，乾脆自己動手，加油添醋，寫起續集，要誰死活，誰要愛誰，自由搬弄。這其實是侵害羅琳的「一般改作權」，只是因為版本太多，沒有損及本尊的權威，羅琳懶得採取法律行動，但不表示不違法。

著作權法是羅琳最重要的法寶，她應用自如，有所為，有所不為，發揮到極致，形成「哈利波特」系列的法律金鐘罩，要比小說裡的隱形斗篷來得重要，任何一個作者都應該以羅琳為師。

單元10

當電子書變成有聲書，作者怎麼辦？

2007年11月時，網路書店亞馬遜（Amazon）公司推出薄如紙張的電子書Kindle第一代，採用電子墨水，消費者閱讀Kindle，彷彿閱讀報紙一般，還可直接以Kindle透過無線網路下載各種圖文，起初售價399美元，後來降為359美元，結果大受歡迎，連續兩年的耶誕節期間，都賣到缺貨。

2009年2月12日，Kindle第二代以同樣359美元的賣價問世，除了容量更大，蓄電力更長外，還多了透過程式將文字轉化為語音（text-to-speech）的朗讀功能，讓讀者可以自行決定是男聲或女聲發音，聲音大小及其播放速度。

 ### 電子書朗讀功能爭議背景

這項功能引起代表9,000位作者的美國作家協會（Authors Guild）質疑已構成侵害著作權，因為作者一般僅授權出版社發行文字的電子書，這並不包括有聲的電子書在內，而Kindle 2不單純是文字版的電子書，已進一步涉及「發聲權」（audio right），屬於改作行為，應另外獲得授權。亞馬遜公司雖然堅持Kindle 2只是由程式自動將文字轉化為語音，與一般有聲電子書是由真人所錄製的聲音不一樣，沒有改作的成分，但隨後還是在2009年3月2日宣布，將修改軟體，讓出版社可以解除任一本電子書在Kindle 2上的文字轉換語音的朗讀功能。

　　然而，這一做法又引起盲人福利團體的關切，認為有礙盲人接觸資訊自由。2009年4月6日，300多名為盲人福利奔走的熱心人士，在美國作家協會於紐約的總部前示威抗議，要求美國作家協會收回成命。

　　美國作家協會認為，Kindle 2並不是專為盲人使用之便而推出的產品，而是供一般讀者使用的新發明，不該為了盲人接觸資訊的權利，而犧牲作家們的著作權，但為回應這項抗議，他們也提出一項折衷方案，允許經註冊的盲人，可以選擇Kindle 2上的朗讀功能，專供該盲人自己使用。

　　亞馬遜公司急於推出Kindle 2，並強化其功能，是為擺脫來自Sony的電子書閱讀器Sony Reader及Apple公司的iPhone的威脅。2006年10月推出的Sony Reader具有Kindle所沒有的觸控式螢幕及內鍵燈光，Sony並宣稱已經與Google合作，將Google已完成的公共所有（public domain）著作電子檔，讓消費者透過Sony Reader讀取，而輕薄短小的iPhone將通訊與內容結合，可以讀取文字或影音檔案，已成為年輕時尚的主流。

　　作者到底能否反對亞馬遜公司的Kindle 2發出聲音？其關鍵點在於作者原先授權給出版社的利用範圍到底有多少。

使用範圍取決授權範圍

　　著作權法第37條第1項規定：「著作財產權人得授權他人利用著作，其授權利用之地域、時間、內容、利用方法或其他事項，依當事人之約定；其約定不明之部分，推定為未授權。」著作財產權人授權給出版社發行其作品，和讓與著作財產權有很大的差別，讓與的結果，會使著作財產權人與著作財產權的關係完全脫離，一切預見與未預見的風險，都應由原

先的著作財產權人承擔；而著作利用授權的認知，通常是在產業既有的經營模式與技術去思考，一旦產業經營模式與技術改變，利用型態擴大，非始料所及，此一不利不應由著作財產權人承擔。因此，這一不利的新發展，應被認為是「約定不明之部分」，法律上乃直接「推定為未授權」，而國際司法實務上，也認為應再取得授權。

在美國全球最大的英文出版公司藍燈書屋與羅斯塔電子出版公司（Random House, Inc. v. Rosetta Books, LLC, 2001）一案中，藍燈書屋在2001年主張，該公司與作者們在1960年代所簽署的出版契約中約定，享有「以書本型式」（in book form）發行、印製及銷售這些作品的專屬授權，這項出版契約應默示及於以電子型式的書籍發行，所以羅斯塔公司後來再與作者簽署的電子書出版契約無效，不可以發行電子書。2002年3月美國聯邦第二巡迴上訴法院明白地認定，藍燈書屋與作者的授權契約必須依雙方簽約時，行業中慣常習慣、交易實務與使用方法等相關事實所能獲得合理的期待做判斷，依此原則，原先的授權顯然不包括電子書。

「眼見」與「耳聞」，是對於著作不同的利用型態，不管是真人朗讀後的錄音，還是由程式自動將文字轉化為語音，都同樣讓利用人達到「耳聞」的效果。紙本書與錄音CD，原本就是不同的市場，除非契約明定，否則，基於保護著作財產權人之考量，沒說清楚的，當然要推定沒有授權。

第 ③ 篇
誰有著作權篇

單元11 漫談政府出版品著作權如何歸屬？
單元12 政府經費完成著作之著作權如何歸屬？
單元13 他的一生，我的自傳，誰的著作權？
單元14 報章期刊論文與徵稿作品的著作權爭議
單元15 孤兒著作與期刊論文的法定授權制度

單元11

單元11

漫談政府出版品著作權如何歸屬？

政府出版品是民眾獲得公共資訊及參與政府決策的重要管道，其傳播與散布在民主政治推動過程中，扮演極其重要之角色。數位化科技發展後，民眾藉由網際網路接觸政府出版品的權利與機會更為方便。值此之際，著作權議題對於政府出版品的製作、發行與延續，乃至公眾接觸公共資訊及參與政府決策，也同樣扮演重要地位，政府出版品應否享有著作權？若可以享有著作權，則其權利歸屬又應如何呢？

政府出版品應否享有著作權？

所謂「政府出版品」，依據政府出版品管理要點第2條規定，「係指以政府機關及其所屬機構、學校之經費或名義出版或發行之圖書、連續性出版品、電子出版品及其他非書資料。」其出版或發行之主體並不限於「政府機關及其所屬機構、學校」，尚及於「以政府機關及其所屬機構、學校之經費」出版或發行者。至於其客體內容，並無規範，僅在出版或發行之形式上明文包括「圖書、連續性出版品、電子出版品及其他非書資料」。

政府出版品是以政府預算支應完成，而政府預算既係源自於人民的納稅，則其是否應不受著作權法保護，以供公眾自由利用，向來有不同意見。依我國著作權法第9條及第50條規定

的分類，「政府出版品」依其內容可以分為：1.憲法、法律、命令或公文；2.中央或地方機關就「憲法、法律、命令或公文」作成之翻譯物或編輯物；3.以中央或地方機關或公法人之名義公開發表之著作。

第一類所謂的「憲法、法律、命令或公文」，如立法院三讀通過、總統公布的著作權法、經濟部智慧財產局就著作權法所做的法令解釋，或是法院就著作權案件所做的判決，都屬於這一類；第二類「中央或地方機關就『憲法、法律、命令或公文』作成之翻譯物或編輯物」，例如經濟部智慧財產局所翻譯的「著作權法（英文本）」或其編印的「著作權法令及其解釋彙編」屬之。以上這些出版品，其編譯的目的，在廣為周知遵行，所以立法政策上認為不宜以著作權法保護，乃以法律規定其「不得為著作權之標的」。這裡所稱的「公文」，並「包括公務員於職務上草擬之文告、講稿、新聞稿及其他文書」。相反地，政府機關以外的人，就憲法、法律、命令或公文做成的翻譯物或編輯物，例如會計師就稅法及稅務機關所做稅務法令解釋所做的翻譯、法令或法令解釋彙編等，因為是私人利用法律後的新創作，則仍得受著作權法的保護。

至於第三類之「以中央或地方機關或公法人之名義公開發表之著作」，如政府之政策白皮書、研究報告或國家公園人文自然調查報告等，則仍受著作權法保護，利用這些著作，除有著作權法第44條至第65條合理使用（fair use）之情形外，仍應經著作財產權人之同意，否則將構成侵害著作權。

🗨 政府出版品之著作人與著作財產權歸屬

除著作權法第9條第1項第1款、第2款所定「不得為著作

權之標的」的政府出版品外，受著作權法保護的政府出版品，包括第50條「以中央或地方機關或公法人之名義公開發表之著作」，尚及於「政府機關所屬之學校」及「以政府機關及其所屬機構、學校之經費」出版或發行的著作，應注意的是其著作人與著作財產權歸屬的問題。

　　此種政府出版品在著作權法上之意義，分為：1.政府公務員職務上之著作；2.政府出資聘人完成之著作；3.政府受讓著作財產權之著作；4.政府取得著作財產權人授權發行之著作。

政府公務員職務上之著作

　　政府公務員職務上之著作，依著作權法第11條規定，若無特別約定，則以公務員為著作人，政府為著作財產權人。此時完成職務上著作之公務員雖為著作人，但其著作人格權中之「公開發表權」及「姓名表示權」仍受到限制，不得主張，也就是說，公務員對於職務上完成的著作，沒有權利禁止發表，也沒有權利要求註明自己的姓名。

　　政府公務員職務上的著作，通常均以政府機關為著作人，其著作人格權及著作財產權均歸政府機關享有。至於公務員於職務外完成之著作，依第10條規定，於著作完成時，仍以該受僱之公務員為著作人，享有著作人格權及著作財產權。

政府出資聘人完成之著作

　　政府出資聘人完成之著作，若無特別約定，依著作權法第12條規定，其著作人為受聘人，著作財產權亦歸屬受聘人。

　　政府出資聘人完成之著作，在著作權方面的最大問題，在於多數政府機關以契約約定取得著作財產權，甚至取得著作人

地位後，卻無法充分利用著作，而實際完成著作之學者專家除非契約先做得自行利用之約定，事後均難以利用自己的著作，造成許多學者專家所完成有價值之政府出版品未能充分流通利用。

實則，政府出資聘人完成之著作，其目的不在取得著作人地位及著作財產權，而是在利用該著作，但受限於「國有財產法」所要求「政府出資，國家必須取得權利」之傳統觀念，並惟恐陷於圖利他人之指責，乃以契約約定由政府取得著作財產權。此一疑慮，從著作權法相關規定及「科學技術基本法」第6條規定，應可獲得解決。

著作權法第12條第3項既規定，出資聘請他人完成之著作，以受聘人為著作人並享有著作財產權時，出資人得利用該著作，政府部門出資委託創作著作，應可依此以出資人地位利用該著作，如認此仍不足，亦得於出資聘人契約中，進一步依著作權法第37條約定「出資人得不限時間、地域及方法，自行或再授權他人利用本案著作，著作人並同意不對出資人及其所再授權之人行使著作人格權」，以保障其政府機關之利用權利。

1999年1月20日公布施行的「科學技術基本法」第6條規定，對於政府補助、委託、出資或公立研究機關（構）依法編列科學技術研究發展預算所進行之科學技術研究發展，其所獲得之研究發展成果，得全部或一部歸屬於執行研究發展之單位所有或授權使用，不受國有財產法之限制。同時，第12條及第13條規定，行政院應設置「國家科學技術發展基金」，中央政府補助、委託、出資或公立研究機關（構）依法編列科學技術研究發展預算所進行之科學技術研究發展，其研究發展成

果及其收入歸屬政府部分，應循附屬單位預算程序撥入國家科學技術發展基金保管運用。此二條規定，一方面使政府補助、委託、出資或公立研究機關（構）依法編列科學技術研究發展預算所進行之科學技術研究發展所獲得之研究發展成果不受國有財產法之限制，開放供民間所有及利用，發揮更大效用，不致使政府擁有之有價值研究發展成果如一般公文歸檔，任其閒置，一方面也可將政府之研究發展成果挹注「國家科學技術發展基金」，循環運用，有助科學技術發展。行政院國家科學委員會也於2000年2月25日發布施行「政府科學技術研究發展成果歸屬及運用辦法」，依公平、公開、效益與有償原則，建立研發成果歸屬與管理運用之機制，此均足以避免前述政府機關取得委託案完成著作之著作權而未充分利用之缺失。

 政府受讓著作財產權之著作或取得著作財產權人授權發行之著作

政府出版品如係依著作權法第36條受讓著作財產權之著作，或依著作權法第37條取得著作財產權人授權發行之著作，除應注意轉讓或授權範圍及不行使著作人格權之約定外，由於是著作人獨立先行完成之著作，與受僱人或受聘人在政府監督與要求下，特別完成著作之情形不同，尤應注意「保證條款」與「協助訴訟條款」。前者如約定：「著作人保證所完成之著作內容無侵害他人智慧財產權情事，如有違反，願賠償因此所受之損失」；後者如約定：「著作人同意如所完成之著作內容被指涉及侵害他人智慧財產權情事者，願於所定期間內提出說明與證據，並協助所有必要之訴訟行為」。

政府出版品既是民眾獲得公共資訊及參與政府決策之重要

管道，如何建立一套得以便捷獲得授權利用之管道，才是公眾所迫切需要的。2005年政府資訊公開法制定公布後，政府大力推動資訊公開計畫，並成立「政府出版品資訊網」（https://gpi.culture.tw/），但政府出版品公開情形尚不夠完善，主管機關文化部仍有待協調各機關，落實開放各機關出版品，以利公眾接觸或取得授權。

單元12

政府經費完成著作之著作權如何歸屬？

　　政府機關每年都編列不少預算，參與和著作有關的活動，不管這些費用在預算科目是以委辦費、業務費、獎助費，還是補助費為編列名目，總是不小數額。很多公務員只顧忙著執行預算，完成任務，有時候沒有想到其間的著作權歸屬問題，甚至想當然爾以為權利必定歸機關享有，而沒有透過書面程序，與外包單位約定預算執行成果的著作權歸屬，最後才發現花了很多錢，卻沒有獲得權利，或取得的權利與想像中大有差距。公務部門利用人民納稅的錢推動公務，總要弄清楚執行結果到底為政府取得哪些權利，才算善盡公僕責任。

 研究案的著作權歸屬

　　委託研究案，是執行政府預算時，涉及著作權議題最典型的案例。

　　著作權法第12條規定：「出資聘請他人完成之著作，除前條情形外，以該受聘人為著作人。但契約約定以出資人為著作人者，從其約定。依前項規定，以受聘人為著作人者，其著作財產權依契約約定歸受聘人或出資人享有。未約定著作財產權之歸屬者，其著作財產權歸受聘人享有。依前項規定著作財產權歸受聘人享有者，出資人得利用該著作。」以學者專家個人為受託對象的委託研究案，是一種「出資聘人完成著作」的法律關係，出資的是政府，受聘的是學者專家個人。一般原

則，若沒有透過契約做特別約定，是以學者專家為著作人，同時享有著作人格權及著作財產權。至於出錢的政府機關，既不是著作人，也未取得任何著作財產權，只能依第12條第3項規定，「得利用該著作」。

「得利用該著作」與「取得著作財產權」的差異，在於後者可以著作財產權人的身分，行使各種著作財產權的行為，還可以再讓與著作財產權或再授權他人利用著作，進一步取得權利金或俗稱「版權費」。至於「得利用該著作」，則只能利用著作，並沒有取得著作財產權，而其利用範圍究竟是僅及於原先出資的目的，還是及於其他任何不限制的範圍，實務上也常會發生爭議。對政府機關更不利的是，「得利用該著作」因為沒有「取得著作財產權」，只能夠「自己」利用該著作，卻不能再授權「他人」利用，常會造成政府機關施政利用上的不便。

要解決前述的困境，政府機關在委託研究案時，應該就誰是著作人，著作財產權的歸屬如何，做詳細約定。若不想取得著作財產權，至少也要讓政府機關自己能不受限範圍、方法、地域與時間，自由地利用委託研究案的成果，並且還可以進一步授權他人利用，同時也應要求學者專家，不對機關本身及機關所再授權之人行使著作人格權，以利未來業務推廣。

實務上也常見委託研究案，是以學者專家所屬學校或機構作為受託對象。這種情形就是著作權法第12條第1項所稱的「除前條情形外」，也就是不適用第12條規定，而先要依第11條「受雇人職務上著作」規定，去處理學者專家與其所屬學校或機構之著作權議題，再依第36條或第37條規定，將委託研究案成果的著作財產權讓與政府機關，或授權政府機關利用

該委託研究案的成果。

著作權法第11條規定：「受雇人於職務上完成之著作，以該受雇人為著作人。但契約約定以雇用人為著作人者，從其約定。依前項規定，以受雇人為著作人者，其著作財產權歸雇用人享有。但契約約定其著作財產權歸受雇人享有者，從其約定。前二項所稱受雇人，包括公務員。」以學者專家所屬學校或機構作為政府委託研究案的受託對象，政府機關除應該與學校或機構契約約定，要求該學校或機構要與實際執行研究的學者專家以書面依第11條規定，明定以學校或機構為著作財產權人外，政府機關更應該與學校或機構約定，由政府機關取得著作財產權，或是得不受限於範圍、方法、地域與時間，自由地利用委託研究案的成果，並且還可以進一步授權他人利用，同時要求學者專家出具書面，承諾不對機關本身及機關所再授權之人行使著作人格權，以利業務推廣。

研討會的著作權歸屬

政府機關的研討會委託學校或機構辦理時，關於學者專家於會中發表的論文及參與者發言的內容，應處理其著作權議題。政府機關舉辦的研討會內容，通常在會後會上網或出版研討會專輯，以收廣為宣導周知的功效。關於參與者的發言內容，可以在研討會開會通知或事前準備好的發言條上，明確敘明發言內容於會後的利用情形，讓發言者了解，如有不同意見，也可事前聲明，避免事後爭議。在論文方面，不管對於發表論文的學者專家有無發給出席費或論文的稿費，也都要進一步以書面約定使用的情形。

著作權法第41條規定：「著作財產權人投稿於新聞紙、

雜誌或授權公開播送著作者，除另有約定外，推定僅授與刊載或公開播送一次之權利，對著作財產權人之其他權利不生影響。」對於論文，若認定其是投稿的一種，原則上主辦機關也僅能利用一次，例如做成大會資料分送與會人員，若還要於會後出版專論或上網，已經是屬於原先利用一次以外的其他利用，必須在書面上約定清楚。即使認為論文的徵集，是屬於著作權法第12條的出資聘人情形，而不是前述第41條一般的投稿，由於專家學者通常會希望保留論文的著作財產權，以供日後自行出版論文集或再做他用，主辦機關也應在事前與學者專家約定清楚，以便會後出版專輯及上網使用。

 ## 獎、補助款

　　政府的獎、補助款最容易造成政府機關與受獎、補助單位或個人，對於獎、補助案件所完成著作的著作權，發生嚴重爭議。獎、補助款是預算編列的科目名稱，究竟是不是真的「錢如其名」，是一種獎助或補助，而不是出資聘人完成著作，原本就有爭議。也許有人會認為那只是一筆政府預算，以什麼科目名義編列，並沒有太大區別，所以獎、補助款就是出資聘人完成著作，或是讓與或授權的對價，更何況有時候獎、補助款的數額，幾乎就占了全案總額。相反地，也有人會認為獎、補助款就是單純獎助或補助，只是鼓勵創作，或扶持弱勢，絕對和出資聘人完成著作，或是讓與或授權的對價，沒有任何關聯。如果政府機關真的希望因為獎、補助款的撥付，從受獎、補助案件完成的著作，取得著作權，或是可以自己利用或再授權他人利用的機會，就應該在獎、補助以前，讓受獎、補助的單位與個人，清楚地知道獲得獎、補助後，可能發生的權利義

務變動。這樣他們才能評估是不是要接受獎、補助，千萬不能先不告知政府機關的希望，等到人家領取獎、補助後，才半路殺出「掠奪條款」做各種要求，反而失去了獎、補助原先的美意，徒增怨懟。

　　由以上分析可知，以政府經費完成的著作，若沒有對於其著作權預先做妥善規劃，政府機關並不必然就可以取得著作權，有時僅是可以利用，甚至只能利用一次，無法取得著作財產權，對於日後繼續利用著作或再授權別人利用的需求，充滿不確定的困難度。對於學者專家而言，他們的認知也不一定與政府機關一致，或許他們基於學術自由的理念，從來就不認為政府機關出資的一次利用後，還可以取得他們著作的著作財產權或可以再做其他利用。要避免這些意見的分歧與日後的爭議，公務員在所有預算執行的開始，都應該預想本機關對於相關創作成果未來可能的利用情形，包括會不會再出版專輯、以政府出版品名義對外銷售、是否會上網，或再授權其他機關、學校或民間私人使用等，以文字納入契約中，讓實際執行成果創作的學校、學者專家等，依據其所能取得的經費與必須付出的智慧成果，自行衡量是否同意約定條件，要投入多少心力完成創作。2021年10月，為了使機關及法人在進行藝文採購、補助或徵件成果的著作權約定時，更能尊重及保障文化藝術工作者或事業的創作權益，文化部與經濟部依據新修正公布的文化藝術獎助及促進條例第14條授權，訂定了文化藝術工作者及事業著作權保障辦法，具體規範著作權保障原則及作業程序，除非有業務上的必要，否則應讓創作者能夠享有較多的利用著作權利，算是較進步的規劃。無論如何，白紙黑字，清清楚楚，就可以縮小各方的認知差距。

單元13

他的一生，我的自傳，誰的著作權？

　　2007年1月18日台塑集團創辦人王永慶在臺北度過了90歲生日，他口述自傳——由北京清華大學臺灣研究所研究員黃德海來臺半年親訪，並蒐集相關資料完成的「篳路藍縷：王永慶開創石化產業王國之路」，也在4月間出版。

　　元月初，臺北的商業周刊在北京採訪黃德海，取得自傳原稿，周刊披露王永慶在書中所談的1990年祕訪大陸的「海滄計畫」，以及後來臺灣政府禁止登陸的「郝三條」等祕辛，臺灣各大媒體也爭相報導相關內容。

　　元月初的媒體戰，觸發了自傳的著作權議題。到底王永慶的口述自傳，著作權該歸誰？媒體在進行報導的時候，要不要獲得誰的同意？這一堆問號，弄得趕新聞的媒體工作人員神經緊張，深恐一不小心，報導完了王永慶自傳的新聞，隔天自家就會因為侵害著作權，上了別家媒體的頭版。

　　王永慶的口述自傳，是由他口述，再經黃德海撰寫成稿。王永慶享有的，是他口述之語文著作著作權，但自傳實際上是黃德海撰寫的，所以黃德海享有「篳路藍縷」這本書的著作權。王永慶可以說，是黃德海引用他口述的語文著作，再創作出「篳路藍縷」這本書，但王永慶不是執筆者，不能對「篳路藍縷」主張著作權。想像一下，假設王永慶口述時，現場除了黃德海，還有一個「甲君」，黃德海與「甲君」，是可能寫出

兩本不同風格的王永慶口述自傳。著作權法保護了王永慶口述之語文著作的著作權，也會保護黃德海與「甲君」各自所寫的王永慶紙本自傳著作權。

自傳何時公開，是一門學問，弄不好，便會侵害著作人的公開發表權。商業周刊採訪了黃德海，應該是獲得授權可以披露自傳的內容，而王永慶同意黃德海寫自傳，除非有特別約定，否則就不可以禁止黃海德自己或授權他人公開發表他的口述內容。

臺灣各大媒體要報導相關內容，遇到兩個問題：1.可不可以搶在商業周刊以前發表？2.可不可以引用自傳的內容，可以引用多少？搶在商業周刊以前發表，會侵害公開發表權；引用自傳內容，可能會侵害重製權，如果新聞上網，還可能侵害公開傳輸權。1985年「國家」雜誌搶先引用福特未發表的回憶錄手稿，報導福特赦免尼克森的心路歷程，引發著作權爭議案，美國聯邦最高法院判定，不能以新聞自由作為侵害著作權的理由。

新聞大量引用未發行的自傳內容，會造成侵害著作權一事，可是著作權法保護「表達」，不保護「表達」所要傳達的「觀念」或「事實」。如果新聞記者閱讀了自傳的內容，再用自己的文字，寫出新聞稿，王永慶、黃海德或出版社就沒轍了，因為新聞記者只採用了自傳所批露的事實，並沒有用到自傳的文字。而王永慶祕訪大陸的「海滄計畫」及政府的「郝三條」都是事實，這可是沒有辦法用著作權法來獨占的。

報章期刊論文與徵稿作品的著作權爭議

　　作者在各報章、雜誌或期刊發表文章後，可不可以將這些文章另外授權別的刊物發表？未來可不可以自己彙集成冊，單獨發行論文集？相反地，報章、雜誌或期刊，可不可以在日後就這些文章，發行特定專輯，或自行做成數位資料庫，或是授權他人做成數位資料庫？數位資料庫經營者想要將各報章、雜誌或期刊發表的文章納入資料庫，應該要找作者，還是各報章、雜誌或期刊洽談授權？這些問題常常困擾著作者、報章、雜誌或期刊發行人，或是資料庫業者，有必要弄清楚。

徵稿啓事規定的效力

　　投稿作品的權利歸屬，涉及雙方約定的條件與效果。尤其很多報章、雜誌或期刊，會在徵稿啓事欄中，規定很多條件。例如，「來稿一經刊登，其著作權歸本刊所有。」、「作品經本刊登載後，視爲作者同意本刊刊載於網站上或授權他人做成電子資料庫。」、「本刊對來稿有刪改權，不願刪改者請特別註明。」等，大家都不知道，這些條件只是報章、雜誌或期刊單方面的宣告，其實對於作者是沒有拘束力的。

　　爲什麼徵稿啓事欄規定的事項，對於作者沒有拘束力？這得從法律上一般的契約成立生效條件說起。就法律上來說，契約要成立，必須有「要約」及「承諾」的意思合致，而在「要

約」之前，還有「要約之引誘」的階段。只有經過「要約」及「承諾」的內容，才能對於雙方發生拘束力，「要約」以前的「要約之引誘」對於雙方是沒有拘束力的。舉例來說，售貨的老板在市場吆喝：「襯衫一件200，要買要快！」這是「要約之引誘」，顧客上門說「老板，我要一件！」是「要約」，老板回應「這裡要買一件，給他包起來！」則是「承諾」。如果老板覺得上門的客戶嫌東嫌西，挑三揀四，根本是「奧客」，心中不爽，是可以不賣的，這是對於客人的「要約」拒絕給予「承諾」，老板沒有非賣不可的義務，客人也不能強要老板非賣不可的權利。同樣地，客人掏出180元給老板，這一個「要約」，雖然比老板吆喝的「要約之引誘」200元價格，少了20元，但老板願意接受，雙方也就以180元成交了。

　　報章、雜誌或期刊與作者的關係，和前面所舉的市場賣衣服的小販與消費者間的關係，並沒有不同。報章、雜誌或期刊徵文欄中的任何註明，都僅是單方面之聲明，法律上屬於民法的「要約之引誘」，不能拘束投稿的著作財產權人，因為報社等對於作者來稿，仍要進一步篩選，不是來稿即登，就像賣衣服的老板還是可以拒絕消費者的買衣服「要約」，所以這是「要約之引誘」。投稿是「要約」，報社之使用是「承諾」，報社對於自己的徵文條款，即「要約之引誘」，雖有拘束自己的意思，但作者在投稿時沒有列入「要約」的條件，報社對於作者「要約」的「承諾」，就不能再引自己先前的「要約之引誘」內容。甚至於，當作者在投稿文章上註明，「本文未經本人同意，不得刪改」，對於這一「要約」，報社等除非能與作者進一步協商，獲得改變之合意，否則只有「不予錄用」或「錄用而不刪改」的選擇，不可以任意刪改後再刊出。

著作權法的規定

由於依著作權法第10條規定，著作人於著作完成時起，不須做任何程序就享有著作權，為了釐清報社等與作者的法律關係，著作權法第41條乃依據前文所說明的原則，特別明文規定：「著作財產權人投稿於新聞紙、雜誌或授權公開播送著作者，除另有約定外，推定僅授與刊載或公開播送一次之權利，對著作財產權人之其他權利不生影響。」所以，投稿作品的著作財產權，原本就屬於作者所享有，除非作者與報章、雜誌或期刊有特別約定，否則投稿作品的著作財產權仍歸投稿的作者所享有，沒有因投稿或刊登而發生任何變動，作者不必經刊載單位同意，就可以將此著作收錄在其個人出版的專書或轉貼在其個人或其他網站上，甚至授權其他人利用，刊載單位不得主張任何權利；至於刊載單位方面，如未與作者有另外約定，不可再就該著作另做利用，例如將該著作置於報社之電子報，或另行收編出版專輯，或轉授權他人利用，如果有需要做這些原出刊以外的利用，都應再行洽談授權利用條件。

國外的判決先例

類似的爭議，美國最高法院在2001年6月曾經做過一個非常有名的判決——The New York Times v. Tasini (Jun. 25, 2001)。該案原告是美國作家聯盟（National Writer's Union）總裁Jonathan Tasini，他是一個自由撰稿人，在New York Times投稿發表很多文章，後來他發現New York Times沒有經過他的同意，將New York Times歷年報章雜誌，包括Tasini的文章，交電子資料庫公司Lexi-Nexi公司進行電子化處理，包括製成CD-ROM及置於電子資料庫中供網路傳輸，Tasini和其

他自由撰稿人於1993年向法院起訴，主張New York Times侵害他的著作權。New York Times抗辯說，著作權法允許他們可以將報紙做成合訂本或微縮影片，他們當然就可以利用新科技，重新處理舊報紙的資料。雙方纏訟多年，美國最高法院最後認定Tasini獲得勝訴，法院承認New York Times將報紙做成數位資料庫，對資訊與文化傳承貢獻確實很大，不過這樣的做法不是單純地報章原樣利用，而是個別單篇文章的再利用，不能以作者的權利爲犧牲，仍應再次獲得授權才可以。此後，所有的報章雜誌在刊登外來文章時，都會與作者簽訂契約，以利後來的再次利用，將一切利用透過商業機制解決。

投稿本來就有很大的市場機制在運作，大牌的作者要做什麼樣的要求，報社都會同意，無名小卒能被刊登已是萬幸，哪還能討價還價。報社或雜誌社本來就強勢，還有些專業的學術期刊，不但是沒有稿費，還得同意他轉登於資料庫，否則不願刊登，例如，很多名列SSCI的學術專業期刊，文章在他的刊物上刊登後，教授學術地位會大大提升，誰有能力不同意？

「一稿二投」的爭議

「一稿二投」是報章、雜誌或期刊最不樂見的情形。如前面所說的，報章、雜誌或期刊上的文章，其著作財產權原則上既仍歸作者所有，「一稿二投」並不違反著作權法。不過報章、雜誌或期刊仍得以契約，限制作者「一稿二投」。有些在刊登前，要作者提出書面保證未「一稿二投」，有些則較務實，允許作者在支付審稿費用後，撤回先前的投稿，轉投其他報章、雜誌或期刊。若是作者與報章、雜誌或期刊有約定不得「一稿二投」，則「一稿二投」將違反契約，應負違約的民事

損害賠償責任。此外，學術界通常認為，「一稿二投」是違反學術倫理的。很多期刊、雜誌或報社，一律將「一稿二投」的作者列為拒絕往來戶。

 限制轉載之記載

許多報章雜誌網站載明「本刊內容不得轉載」，原作者想要彙整為一本新書出版，是否要再經報章雜誌網站同意？其實，這項註記是因為第61條規定：「揭載於新聞紙、雜誌或網路上有關政治、經濟或社會上時事問題之論述，得由其他新聞紙、雜誌轉載或由廣播或電視公開播送，或於網路上公開傳輸。但經註明不許轉載、公開播送或公開傳輸者，不在此限。」新聞紙、雜誌或網站載明「本刊內容不得轉載」，會產生其他新聞紙、雜誌不得轉載或其他廣播或電視不得公開播送。但不影響著作權人自己的自由利用。原作者想要彙整為一本新書出版，既然自己仍是著作權人，本來就不必再經報章雜誌網站同意。

結語

報章、雜誌或期刊上刊載文章的利用，牽涉到報章、雜誌或期刊經營者與作者的權利，也及於公眾接觸各該文章的方便性與權益，為了避免爭議，報社等與作者雙方對於這些文章的利用，能事先做合理明確的安排，有利作品的再利用，應該是三贏良策。

單元15

孤兒著作與期刊論文的法定授權制度

　　有一個通識課程的教授，向來批評學生程度低落，上課時總愛問一些他自認大學生應該知道的問題，偏偏學生們個個都低頭作苦思狀，深怕被點到而無法回答。這天，情況有些改觀，問題丟出後，通常都可獲得還能接受的回應，正要誇獎幾句，助教推門進來通知師生，校園無線網路設置完成，此後教室內上課也可以自由上網進行輔助教學。原來，剛才學生們手指飛快地在Notebook上亂舞，不是在做筆記，而是上Google搜尋引擎查詢資料，難怪程度大增，有問必答。

Google及Yahoo大手筆圖書數位化雄心

　　Google當然不以此自滿，2004年底，Google對外宣布打算推出「Google Print Library計畫」，準備將密西根大學、哈佛大學、史丹佛大學、紐約公立圖書館和牛津大學圖書館內所有的藏書全部掃描上網，供人搜尋。這個計畫立刻引來美國出版商協會（Association of American Publishers, AAP）和美國作家協會的關切，還鬧上法院。Google原本說，他們的計畫中，網友只能看到整本書的幾頁內容，不是全部，這是合於著作權法的「合理使用」（fair use）規定的，如果作者通知他們，不同意自己的文章被放到這項計畫中，他們也會將文章刪除。最後，在訴訟的壓力下，「Google Print Library計畫」

僅先就1923年以前出版，著作財產權期間已屆滿而屬於「公共所有」（public domain）的書籍，進行數位化。在此同時，另一個搜尋引擎競爭對手Yahoo，也推出了「Open Content Alliance計畫」，要和加州州立大學、加拿大及歐洲國家檔案機構合作，將「公共所有」或經作者授權的館藏，進行數位化後，建立開放的資料庫。

看到外國這些大規模數位化計畫的推出，不禁令我們開始省思，如何將中文資料數位化，放在網路上讓公眾可以接觸呢？古典史籍，因為年代久遠，已經是「公共所有」，在數位化過程中，不會產生著作權爭議，但近代的出版品，包括書籍、期刊、報章或雜誌上的文章，在利用上必須處理授權問題，常常產生不便，到底能不能有好的解決方法？

推動出版品數位化法定授權制度

2005年6月8日行政院科技顧問組決議制定「數位內容產業發展條例」，作為數位內容產業發展之基本法，希望統合整個數位內容產業發展之規範。這項立法工作先前係由經濟部工業局所主導，成立了「數位內容產業推動辦公室」，委託資策會科技法律中心研擬條例草案，其中的一項修正，涉及到著作權人不明或失聯之著作的法定授權。在此同時，著作權專責機關經濟部智慧財產局，也針對數位內容資料庫之建立，初擬「出版品數位化法定授權」制度草案，有可能納入「數位內容產業發展條例」中規範，解決利用著作的授權問題。

新聞紙、期刊、雜誌上的文章，若沒有特別約定，原則上其著作財產權是屬於作者所享有，新聞紙、期刊、雜誌社要做第二次利用，還要經過作者授權，很不方便。「出版品數位化

法定授權」制度草案，預定使新聞紙、期刊、雜誌社，對於自己已經刊載過的文章，可以自行或再授權別人，重製為數位資料庫，並供網路瀏覽，但應依經濟部智慧財產局審議的費率，支付使用報酬。不過，草案也規定，若著作財產權人表示反對的意思，則應停止利用。

這項草案固然有利於新聞紙、期刊、雜誌社利用作者的文章，但嚴格言之，只要付錢，不必獲得授權，就可以利用文章，著作財產權人事前沒有表示同意，只能事後反對，而使用報酬是政府所定，也剝奪了著作財產權人決定價格的機會，對著作財產權人造成極大的負面影響。前面所談到的「Google Print Library計畫」，僅能讓大家看到幾頁，就已經鬧上法院。依照草案的規定，將來大家可以看到的是整篇文章。兩相比較，就可知道這項草案若要通過，可能造成的爭議。

引進「孤兒著作」制度保障著作權

依據1886年保護著作權的伯恩公約（*Berne Convention*）於1971年巴黎修正案第9條第2項所定之「三步驟之檢驗」（Three-step-test）原則，對於「合理使用」，須符合以下條件：

1. 僅限於相關特定之情形下。
2. 未與著作之正常利用相衝突。
3. 不至於不合理地損害著作人法定利益。

而這項「出版品數位化法定授權」制度草案，顯然無法通過後二項的檢驗。此一問題原本透過著作權法第37條之授權機制即可解決，不能因為出版人過去未充分利用該條文規定，先與著作財產權人約定使用條件，如今發生問題，才要以法律

剝奪著作財產權人的基本權利。事實上，目前實務上之做法，已經記取教訓，大量使用授權契約，取得各種利用授權，而草案縱使要為已發行的新聞紙、期刊、雜誌解決問題，也應限制僅適用於本法修正施行前已發行之著作，不該將草案修法後發行的新聞紙、期刊、雜誌，也一起含括進來，破壞已開始正常發展的市場機制。

找得到著作財產權人的著作，就應該透過授權的方式利用，不能另外以法律破壞「授權利用」的著作權法這項最基本的原則。最後，這項草案終究是無疾而終。

目前國際間較能接受的，則是「孤兒著作」（orphan works）利用困境的解套。所謂「孤兒著作」，是指仍受著作權法保護的著作，但著作財產權人是誰並不清楚，或雖知誰是著作財產權人，卻找不到人在何處，造成難以洽商授權利用事宜。這種已被著作財產權人放棄的「孤兒著作」，雖無法順利洽談授權，可是這畢竟仍是社會文化資產，在私經濟權利與公眾接觸文化成果的公益之間，仍須衡平處理，才符合著作權法制促進文化發展的根本目的，加拿大、日本與韓國著作權法已就「孤兒著作」之利用建立「非合意授權」機制，美國著作權局也正就此議題之著作權法修正，徵求各界意見中。

我國最後在2010年2月制定公布文化創意產業發展法，於第24條規定的孤兒著作強制授權條款，明定利用人已盡相當努力，就已公開發表之著作，不管是本國人還是外國人的著作，因著作財產權人不明，或所在不明，致無法取得授權時，可以向經濟部智慧財產局提出申請，說明其無法找到著作財產權人的事實，經核准並提存該局所定的使用報酬之後，利用該著作。依此項制度申請獲准做成的著作重製物，應該註明核准

文號、日期及許可授權利用之各項條件。經濟部智慧財產局並應該將核准案公告周知，以使著作財產權人可以有表示反對的機會。而經濟部智慧財產局許可這項著作法定授權的申請，是一種非專屬方式的授權。也就是說，就同一著作，任何人也都可以再向經濟部智慧財產局提出申請，而且，到底是不是「孤兒著作」，每一次的申請都要再釋明一次自己曾很努力地找尋，不能因為前面已有人申請獲准，就可以搭順風車，因為是不是「孤兒著作」，隨時都可能會有變化，一定要由政府逐案認定，無法一以貫之。

　　已經對外流通發行的著作，基於資訊自由之考量，當然會希望再次利用時，能越方便越好，但「合意授權」是著作權法最重要的基本原則，不該為了資訊自由，剝奪著作財產權人授權與否及授權金多寡的決定權。這些授權困難，都是可以透過商業機制事先約定，或是建立一套雙方方便的機制，例如經紀人或著作權集團管理團體的方式解決，絕對不能以法律強要利用他人的著作。至於「孤兒著作」，既然已經被著作財產權人所放棄，就該讓利用人有利用的機會，也有利公眾，而其中使用報酬的提存，則是平衡雙方利益的公平做法。

　　由前述這兩項制度的設計，對照「Google Print Library計畫」與Yahoo「Open Content Alliance計畫」的差異性觀察，「出版品數位化法定授權」制度難度頗高，獲得通過的阻力仍大，至於「孤兒著作」強制授權制度的引進，有類似國際立法例作為後盾，對各方也較為合理，因此能獲得多數人的支持。這些立法新趨勢，都應值得我們未來持續關切。

第 **4** 篇
網路篇

單元16 部落格vs.著作權

單元17 網路鏈結面面觀

單元18 搜尋引擎的著作權爭議

單元19 資訊分享vs.利益分配——YouTube的下一步

單元20 邁向世界圖書館之路？——Google與出版界和解之後

單元21 自由不是免費，free不等於free

單元22 Free？自由的網路≠免費的內容

單元23 開房間的法律議題——Clubhouse之著作權議題

單元24 機上盒侵害著作權之法律責任

單元16

部落格vs.著作權

　　部落格（blog）是近年最熱門的網路現象，只要會打字，不需要有高深的程式技術，每個人都可以在網路上建立自己的部落格，和其他網友分享心情故事、生活照片、影片，透過網網相連，更擴大部落格的接觸面。這種純屬展現個人風格，不必經過審查制度、非營利的網站，正發揮前所未有的影響力，成為另一股小眾媒體的資訊傳輸管道。

　　建立部落格，必須要考量到著作權的議題。一方面是要採取必要的做法，保護自己的著作權；另一方面是要有「授權利用」的觀念，不要侵害別人的著作權，以免訟累纏身。在部落格上所發表的，如果是自己所寫的心情故事、自己拍攝的生活照片或影片，自創作完成，不待做任何申請或登記，就受著作權法保護（著作權法§10）。但是，為了證明那是自己享有著作權的作品，防止別人任意轉做其他利用，應該在作品上標註自己是著作人以及完成著作的時間。如此一來，除非有人能證明這些註記是虛偽的，否則就依所標註的內容，決定著作權的歸屬以及開始享有著作權的日期（著作權法§13）。

　　部落格上的作品享有著作權，任何人都不可以加以轉載，如果是轉載在平面紙本上，會構成侵害重製權，若是轉載在網路上，讓大家都可以接觸得到，除了侵害重製權，還會侵害公開傳輸權，這都可以依著作權法規定，向侵害者請求民事上的

救濟，還可以提起刑事訴訟，要求法院對侵害者科以刑責（著作權法§91、§92）。

除了法律對於著作權的保護，現在也有很多人運用「數位權利管理」（digital rights management, DRM）機制，作為保護部落格上著作的科技措施。透過DRM技術，創作者可以將著作內容以鎖碼技術保護，限制網友只能閱讀，不能再複製、轉貼，DRM也可以使用顯性或隱性浮水印技術，鑲嵌於著作檔案或畫面中，或是做其他關於著作權利資訊與授權條件的註記，使得著作被複製或轉貼時，容易察覺及追蹤盜用行為。現行著作權法關於「防盜拷措施」及「權利管理電子資訊」的規定，就是在防止利用人對於DRM技術的破壞，保障著作權人的權利（著作權法§80-1、§80-2）。

在自己的部落格中，未經同意，利用他人的著作，即使沒有營利，只是奇文共賞、好片共享或好歌大家聽，也是會構成侵害著作權。2006年間，就有高中女生任意從網路上下載還沒有發行唱片的流行歌手MP3，放在自己的部落格上，讓他人先聽為快，被唱片公司發現後，以侵害重製權及公開傳輸權移送法辦。

架設部落格，若要利用不是自己創作的東西，又不想獲得授權，可以採取幾個方法：1.利用一些不能受著作權法保護的標的，如法律或政府的行政解釋等公文、單純傳達事實的文字新聞報導、依法令舉行的各類考試試題及題庫（著作權法§9）；2.利用年代久遠，著作財產權保護期間屆滿，已經屬於公共所有（public domain）的作品，例如著作人已死亡滿五十年的文章、畫作，或是將古典音樂作品，重新以電腦配樂等；3.依他人受保護著作所傳達的概念，重新以自己的文字

進行表達（著作權法§10-1）；4.依著作權法所定的合理使用（fair use）規定，利用他人著作。

雖然前面說過，單純傳達事實的文字新聞報導，不受著作權法保護。不過，一般新聞都是事實與論述夾雜，很少會是符合「單純傳達事實」的文字新聞報導。所以，若要利用報紙上或網路上的新聞，還是應該取得授權，才是保險的做法。當然，著作權法還是有許多允許利用人不必獲得著作財產權人授權，就可以自由進行合理使用的規定。例如，在網路上做時事報導時，在報導的必要範圍內，可以利用報導過程中所接觸的著作（著作權法§49）；對於政府出版品，在合理範圍內，可以在網路上逕行利用（著作權法§50）；為了報導、評論、教學、研究或其他正當目的之必要，在合理範圍內，可以引用已公開發表的著作（著作權法§52）；新聞紙、雜誌或網路上有關政治、經濟或社會上時事問題的論述，如果沒有註明不許轉載或公開傳輸，部落格就可以轉載（著作權法§61）；政治或宗教人士的公開演說，或是任何人在法庭上的陳述，也都可以加以自由利用（著作權法§62）。對於以上的利用，則需要註明出處，以區隔是自己的還是別人的創作，並表示尊重別人的著作人格權。

由於著作權法規定，在網路上有關政治、經濟或社會上時事問題的論述，如果沒有註明不許轉載或公開傳輸，任何人就可以轉載，這是為了讓時事問題的論述可以快速流通，讓大家知悉。因此，如果不希望別人沒有經過同意，任意轉載自己在部落格有關政治、經濟或社會上時事問題的論述，就應該在部落格的明顯處，特別註明「非經本人書面同意，不得任意轉載」。

　　「鏈結」也是部落格常見的做法。在部落格中以鏈結方式呈現他人著作，只是將網友送至該他人著作之網頁，沒有重製或公開傳輸的行為，這是網路網網相連的基本功能，並不構成侵害著作權之行為，即使所鏈結的是有非法內容的網站，實務上也沒見過被認為是違法的判決。

　　不過，鏈結偶爾也會有違法的可能，不可不注意。由於著作權法禁止提供可以破解或規避「防盜拷措施」的技術或資訊（著作權法§80-2），外國實務上曾認定，部落格若鏈結到可提供破解或規避「防盜拷措施」的技術或資訊的網頁，是違反著作權法的行為。我國雖然還沒有相關的判決發生，但若依現行著作權法的規定，也是會有違法的民、刑事責任，網友應該避免做這種非法鏈結。

　　部落格是自由而具傳播威力的新媒體，但不表示部落格的經營不受法律的約束。善用新科技的好處，可以讓自己的理念輕易而快速、廣泛地與世界各地的人分享。在這樣自由寬闊的領域中，如何保護自己的著作權，同時也不會侵害他人著作權，須有正確的著作權意識。很多網友在部落格中利用別人的著作，其實已經侵害著作權，只是著作權人沒有發現，或是發現後沒有出面主張權利。這種潛伏的危機，通常都是在部落格暴紅，引起很多人點閱，終致侵權爭議暴發，不可收拾，只好在賠償高額損害後，黯然收場。原始分享同儕的美意，落得如此下場，實在不值，網友不可不慎。

單元17

網路鏈結面面觀

無連不成網

網路是現代生活不可或缺的資訊取得與溝通工具，舉凡看新聞、找資料、寫報告、看股票、訂車票或飛機票、單向地發表個人意見，或雙向地與他人討論等，都可以在網路上達成。「秀才不出門」，不僅「能知天下事」，更已達到「能為天下事」的境界。

著作權法所保護的客體，及於文章、詞曲、美術畫作、雕塑、書法、照片、錄音、影片、表演、戲劇、舞蹈、電腦程式及建築圖與建築模型或建築物。除了不能將有體的雕塑或整棟建築物，塞進電腦網路，幾乎所有受著作權法保護的著作，都可以透過網路傳輸。又由於著作權法規定，創作者不必做任何登記申請，在創作完成時，就自動受到保護，網路上的內容，不管是直接在網路上創作，或是先在實體世界完成的創作，當被放到網路上傳輸時，都是受到著作權法保護。

網路如同蜘蛛網般，所有的網頁錯綜綿密相連，是「無連不成網」。網路使用者上網時，在網址列打上特定網頁的網址，就如同手上帶著一張地址上街，尋尋覓覓，就能到朋友家門口。如果有熟門熟路的人，能夠讓自己搭個便車，不必出示地址，就可以從自家門口直接到朋友家門口，這種door to door的服務真是太棒了。

網路鏈結

網路鏈結（hyperlink），其實就是這種door to door功能。在特定的網頁上，透過鏈結指令，不必再於網址列打上特定網頁的網址，只要滑鼠一點，就可以直接跳到所要去的另一個網頁，方便極了。

網路鏈結很方便，但鏈來鏈去，要不要獲得對方的同意？如果沒有經過對方的同意，就逕行鏈結，會不會構成侵害著作權呢？如果了解網路鏈結的特性，就可以知道，網路鏈結是不會構成侵害著作權的。因為網路鏈結是把網路使用者，送到對方的網頁去，並沒有把對方的網頁內容複製到自己的網頁中，而這時網址列上顯示是對方的網址。這種將網路使用者由自家門口，直接送到對方家門口的動作，正是網路的特性與基本功能，既然沒有把人家家裡的東西搬過來，自然不會構成侵害他人的著作權，所以不必經過對方的同意。

深入鏈結

把網路使用者，送到對方的首頁去，讓網路使用者自行決定接下來要進入哪一個網頁瀏覽。這時，對方首頁上的內容或指示，便可以完整地呈現在網路使用者的面前，如同到了一家百貨公司門口，可以依樓層內容指示，自行決定要到哪一層樓逛逛。可是，如果使用的鏈結技術，是類似哆啦A夢的任意門，不是從百貨公司門口進來，而是直接出現在特定樓層的特定專櫃前呢？這種跳過首頁，直接鏈結到特定網頁的技術，稱為「深入鏈結」（deeplink）。

在國際上的深入鏈結實務案例中，英國1996年愛丁堡法院的Shetland Time Ltd. v. Dr. Jonathan Wills and Zetnews Ltd.

案，以及美國1997年的Ticketmaster v. Microsoft案中，雙方最後都以和解收場，被告分別同意刪除對於Shetland Time Ltd.及Ticketmaster的深入鏈結，僅鏈結至對方的首頁，當時的思考並不是著作權的侵害，而是有無違反公平競爭的爭議，因為深入鏈結跳過首頁，會影響首頁的計數與廣告收入。到了2000年的Ticketmaster Corp. v. Tickets. com, Inc.案中，法院已確認，被告以鏈結方式將使用者送至原告特定網頁之行為，並未構成侵害著作權，「蓋消費者係自動地被轉送至著作人之特定原創網頁，其中並無任何欺罔。此一行為正如同讀者利用圖書館中的目錄索引卡片以獲得特定主題的參考資料，只是這一方法更快、更有效率罷了。」

 ## 框架鏈結

「框架鏈結」（framlink）是另一種具爭議的鏈結技術。想像一下，一個消費者逛街時，發現有一家名為SOSO的百貨公司新開張，進了店面後，裡面的裝潢與商品都和SOGO相同。原來，SOSO百貨公司將其招牌框架在SOGO百貨公司的門口，消費者逛的正是SOGO百貨公司。事實上，SOSO百貨公司只是一個製作招牌的一人公司，透過框架做法，讓消費者從SOSO的框架去瀏覽SOGO百貨公司，產生SOSO是與SOGO同級的百貨公司的誤認，造成一種對SOGO百貨公司不公平的競爭。與其他鏈結一樣，「框架鏈結」是將自己製作的框架，框在別人的網頁上，讓網友瀏覽他人的特定網頁內容，但網址列上卻仍是出現自己的網址，其並沒有重製他人網頁內容，不會構成侵害著作權，這種利用他人內容但顯示自己網址的鏈結，且以自己的標示與廣告外框，遮掩並取代他人網頁原本標

示與廣告，也是一種不公平的競爭行為。

在1997年的美國Washington Post v. TotalNews一案中，五人公司的TotalNews以「框架鏈結」技術鏈結使用了Washington Post等數十家知名媒體的新聞內容，讓網友誤認為TotalNews是與Washington Post等齊名的媒體巨人，經提出訴訟後，以和解收場，TotalNews改採一般鏈結方式至Washington Post網頁。

快取與頁庫儲存

「快取」（catch）與「頁庫儲存」是另一種網路鏈結過程中的著作權爭議。技術上，網友點選網站內容，其網路傳輸方式，是透過一站又一站的伺服器，將千里外的資訊，輾轉傳送到電腦螢幕上。為了避免網路塞車，網路系統會將遠端伺服器中的資料，自動儲存在每一個經過的伺服器，以便下一個網路使用者點選同一筆資料時，系統可以自動從最近的伺服器中就近傳送，不必再次透過遠端伺服器到原網頁中取得資料，達到降低流量與「快取」目的。進一步地，「頁庫儲存」則是直接將資料存於系統中，縱使原網頁資料刪除，後來的網友也可以在「頁庫儲存」中繼續找到。對於「快取」，國際著作權法及我國著作權法，多規定是屬於網路傳輸過程中必要的「暫時性重製」，不在著作權人重製權的範圍，不會構成侵害著作權；至於「頁庫儲存」，其儲存時間恆久，不能認為是「暫時性重製」，但基於網路傳輸實際需求與保存滅失的網頁資料之必要，美國法院在2006年初的BLAKE A. FIELD v. GOOGLE INC.案中，則認定是「合理使用」（fair use），不構成著作權侵害。

縮圖鏈結

「縮圖（thumbnail）鏈結」是將原來的圖畫或照片，轉換成如指甲般的縮圖，再透過鏈結技術，使得網路使用者透過網路搜尋到縮圖，進而鏈結至圖畫或照片所在之網頁，進行瀏覽或下載。就在不久，美國法院於2003年的Kelly v. Arriba Soft Corp.一案中，曾判定這樣的做法是網路檢索與傳輸所必要的做法，而且縮圖僅在使網友「依小圖找大圖」，縮圖本身不具獨立經濟意義，對圖畫或照片的著作權人利益無影響，所以是合理使用。不過，2006年的Perfect 10 v. Google, Inc.一案中，美國法院認為，Google搜尋系統的縮圖做法，讓專門在網路上以收費下載方式提供養眼美女圖片於手機螢幕的Perfect 10，經濟利益受到損害，應予禁止。顯然，商業經營模式的改變，使得「縮圖鏈結」的合法性受到挑戰。

 鏈結至非法網站的法律責任

古人詩云：「借問酒家何處有，牧童遙指杏花村。」若是客人酒後生事，牧童可以不負責任，但若是網頁鏈結至非法網站，讓網友可以下載非法的MP3，要不要負責呢？有人認為，基於言論自由，不該對於這些網頁課以法律責任，如同報章雜誌不必為曾經報導哪裡可以進行槍械、毒品交易或色情勾當而負責。不過，近來各國著作權法及法院為了有效打擊盜版，對於明知、故意鏈結至可以非法下載盜版音樂、影片或破解防拷技術的網站之行為，傾向課以共犯、共同侵權或輔助侵害責任。我國著作權法第80條之2，對於提供破解防盜拷技術或資訊，亦課以民、刑事責任。

結語

數位網路的方便性，爲生活帶來無限可能，但一項工具的正面或負面效益，需賴使用的方法與態度。鏈結是網路的基本理念與功能，不可遏止，但如何合法使用鏈結，讓網路發揮最大正面效益，須有法律、案例與網路使用者自我規範與節制來共同達成。了解目前國內外法律與實務情形，應該可以讓網路使用者更清楚爲與不爲的界限。

單元18

搜尋引擎的著作權爭議

免費、快速、精準的搜尋引擎

想知道男朋友的底細嗎？不必花錢找私家偵探；忘了哪一個字怎麼寫，成語怎麼用嗎？不必問老師或查字典；想知道日本北海道有什麼好玩的嗎？不必買旅遊書。這一切，Google搜尋引擎幫你搞定，免費、快速又精準。

起初，Google的搜尋引擎只是以網路蜘蛛程式，在網路上自動來回爬行，蒐集新網頁內容，存入資料庫供網友檢索，但這樣似乎太消極了，畢竟網路上的資料都是近幾年才產生的，先前的著作也極具價值。

從2004年開始，Google開始推動Google Book Search計畫，陸續和美國知名大學圖書館合作，包括密西根大學、哈佛大學、史丹佛大學、紐約大學等，將館藏全部掃描成數位檔案，方便使用者在Google搜尋引擎上搜尋，而圖書館也能取回一份館藏的數位電子檔。

Google Book Search vs.著作權

Google Book Search服務項目大致分三種：1.仍受著作權法保護的，只會顯現書籍的基本書目資訊，及關鍵字前後數行摘錄內容；2.著作權人授權可以讓網友瀏覽一定頁數的內文；3.如果是著作權保護期間屆滿，屬於「公共所有」（public domain），或經過著作權人同意的，就可以全文閱覽。而不論是哪種服務，網友都可以透過連結，直接到線上書店購書，或到就近的圖書館借書。

Google Book Search計畫對誰帶來什麼好處？對Google本身而言，當然是可以維繫它在搜尋引擎的龍頭地位，吸引更多的廣告收入；對一般大眾而言，可以免費、快速又精準地接觸資訊；對著作權人（作者及出版商）而言，著作被廣泛地接觸，更進一步，也可增加銷售量；圖書館的好處是，由Google統一進行掃描，各圖書館不必重複掃描，就可得到一份電子檔，節省下來的人力與經費，可投注於其他更需要的經營，同時又強化館藏的搜尋與管理，提高借閱率。事實上，有很多圖書館在著作權的爭議下，早就祕而不宣地進行館藏掃描數位化工作，Google只是讓這件事檯面化，方便館際數位檔案交流。

比較具有爭議的是，Google並沒有先獲得著作權人的同意，就直接進行全文數位化，而且鉅額的廣告收入，也沒有和人分享。有部分的著作權人認為Google侵害著作權，一狀告進法院。

圖書搜尋四方利益如何面面俱到

Google說它有一個「排除清單」（opt-out）機制，不同意的著作權人只要上載排除清單，Google就會把這些清單上著作的電子檔，從搜尋引擎資料庫中刪除；且建立數位資料庫需要掃描、管理與營運成本，Google促進資訊廣泛流通與容易接觸，有益於公眾，也有助於著作的銷售，提升著作權人收益，它沒有收錢就不錯了，為何還要付費？只是，著作權法

「先授權，再利用」的基本原則，是不是要被「先用再說，不同意授權就停用」所顛覆？

　　著作權人真的有受到損失嗎？很多書到底有何內容，光從圖書館的目錄是看不出來的，數年來都沒有人借，更沒有人買，Google說它增加這些書的曝光率，對於著作權人的收益，絕對只有增加，沒有減損。

　　對於著作權人指控全文掃描是侵害著作權之事，Google抗辯說，沒有獲得授權可以全文閱覽的，只會讓網友瀏覽關鍵字的前後幾行內容，這和過去搜尋引擎將所有網路資料存入資料庫，以方便檢索的做法，並沒有不同，都是「合理使用」（fair use），不應構成侵害。

　　著作權人對於Google很不滿意，因為Google只和圖書館接觸，沒有把著作權人看在眼裡。雖然Google實質上對著作權人有助益，可是沒有事先徵得著作權人同意就使用，著作權人對於逐漸失去著作控制權，在心理上非常不安。更何況，Google明明是利用著作在賺廣告費，著作權人卻一毛錢也沒有獲得分配。

　　這爭議茲事體大，涉及Google、圖書館、著作權人及公眾等四方利益，美國法院最後判決Google是具轉化性的合理使用，不構成著作權之侵害，但其他國家的法院是不是也接受這種見解，無可預測。Google引發這麼大的爭議，最後也因為各種考量，沒有繼續推動這項全球性計畫。

單元19

資訊分享vs.利益分配──YouTube的下一步

在網路傳輸方便的年代，不必依賴任何人，每個人都有機會秀出自己，只要你真的敢秀，你也可以憑著隨身的手機，從自己的角度，錄下觀察心得，和大家分享，影響周遭的人。

YouTube提供了分享平臺，讓大家可以自由上載影片，和他人分享，YouTube則是從網友每一次欣賞影片的點擊次數，向在網站上刊登廣告的商家收取廣告費，作為網站營運所需費用的支出，後來因為網站太受歡迎，廣告費收入高於必要支出很多，漸漸就蛻變成日日下金蛋的金雞母了。

這個變化原本沒有引起太多人的關注，直到2006年底，Google以1億6,500萬美元買下YouTube後，大家才仔細考慮是不是該叫Google和大家分享YouTube經營成功的利潤，尤其是當YouTube上面有很多是未經授權的非法影片時，著作權人更會在乎，為何自己沒有分到一杯羹。

資訊分享理念所引發的爭議

2006年7月中旬，Robert Tur是第一個將YouTube一狀告進法院的人。他主張YouTube鼓勵網友非法上傳他的影片，藉此獲得到豐厚的廣告收入，對於網友隨意把他的影片貼在網路上供人瀏覽的行為，YouTube也應該負侵害著作權的責任。

關於網路服務業者對於網友侵害著作權行為的法律責

任，美國1998年數位千禧年著作權法案（*Digital Millennium Copyright Act*, DMCA）定有相關的免責規定。依這些規定，只要網路服務業者一收到著作權人的通知，立刻有所回應，將被指控侵權的資料隔絕，不被人接觸，網路服務業者就可以免責。

YouTube網站充分遵守DMCA的免責規定，陸續刪除了很多不法的資料，但常常發生同一個影音檔案被刪除後，一下子馬上又被換一個名目再貼上來。所以，Tur要求YouTube應該有一些過濾技術，避免未經授權的影片一再被放到網站上。

擁有諸多受歡迎頻道的Viacom公司，是第二個對YouTube發動法律爭訟的人。雖然YouTube依據DMCA的規定，配合Viacom公司的通知，執行刪除動作，但Viacom公司後來發現，這樣的做法不勝其擾，也沒有效率。因為非法檔案被刪除後，馬上會再被換一個名目再貼上來。他們改要求YouTube應以過濾程式技術來遏止非法上傳行為，但被YouTube拒絕。

2007年3月中旬，Viacom公司忍無可忍，向舊金山聯邦地方法院對YouTube提出著作權侵害訴訟，要求YouTube採取必要的過濾技術，遏止非法上傳行為，並支付10億美元的損害賠償。YouTube認為採取必要的過濾技術並不可行，因為這樣會讓很多屬於合理使用（fair use），而利用他人著作的創作無法自由流通，阻礙該網站一向所堅定資訊分享的基本理念。

利之所趨亦可能是合則兩利

利之所趨，不一定就是爭議之所在，也可以是合則兩利的妥協。英國國家廣播公司、華納唱片（Warner Music Group）、環球唱片（Universal Music Group），以及Sony

BMG Music Entertainment、EMI Group等公司，都授權Google
在YouTube播放該公司的音樂影片，包括網友自製含有這些公
司音樂產品的影片，Google則同意和他們分享廣告收入。

　　YouTube的案子究竟要如何解決，舉世矚目。若每一段影
音內容都一定要先獲得授權，才能在網路上流通，網路的快速
與互動特性，將被嚴重限制，則網路和電視就沒有不同。相對
地，著作權人任意通知YouTube刪除檔案，可能立即會阻礙網
路言論自由，及剝奪合理使用。

　　資訊分享若能創造利益，這些利益就應被妥適分配。
YouTube標榜它的分享平臺就是「你的頻道」，但如果「你的
頻道」內有屬於「我的財富」，任何人都應該有權分一杯羹，
這是目前所有著作權人最在乎的關鍵，也是YouTube要脫離著
作權爭議必須處理的問題。

單元20

邁向世界圖書館之路？──Google與出版界和解之後

　　2008年10月底，網路巨人Google與代表著作權人利益的美國出版商協會等團體達成和解協議，為2005年開始的著作權訴訟畫下休止符。在和解協議中，Google同意支付著作權人1億2,500萬美元，以便繼續將仍受著作權保護的絕版書掃描上網，分別以免費檢索部分內容、付費瀏覽全文以及下載列印等方式，提供新的服務，所得利益Google分得37%，著作權人及出版商共同分享67%。

　　Google與出版界和解後，可以更鞏固在搜尋引擎之龍頭地位；著作權人長年埋藏箱底的絕版書，終於有重見天日的機會，並以此增加收入；公眾有更多機會接觸原本已絕版而不易取的書籍。看來這是一個不錯的結果，對大家都有好處。不過，還是有一些問題值得仔細思考。

事件起始緣由面面觀

　　這個法律訴訟案件起源於Google從2004年開始推動的Google Book Search計畫，陸續和美國知名大學圖書館合作，將館藏全部掃描成數位檔案，讓使用者搜尋檢索，瀏覽與檢索關鍵字有關的片段內容，但因為沒有取得著作權人的授權，被告進法院。

　　Google主張，搜尋引擎的做法就是先將網路上所有資訊

存入資料庫，讓網友快速檢索閱覽部分內容，再透過鏈結到資料原址瀏覽全文，這是著作權法所允許的「合理使用」（fair use），現在不過是增加資料內容而已，且網友只能閱覽檢索部分，要買書或到圖書館借書或是透過網路付費給Google及著作權人，才能瀏覽全文，這應仍屬合理使用的範圍。大家都期待法院能給一個答案，未料，最後竟以和解收場，讓人感到失望。

Google願意和解，是給自己開了一扇巧門，免於面對官司勝敗的矛盾。因為Google雖然只是讓網友瀏覽所檢索到的書籍之極少部分內容，但實際上確實已將整本書的內容掃描進資料庫，同時，Google提供的搜尋引擎有廣告收入，不完全是非營利，若是敗訴，過去的投資付之流水，損失慘重；反之，Google若是勝訴，就表示其他搜尋引擎業者——Yahoo的Open Content Alliance及Microsoft的MSN Book Search——也可以如法炮製，Google等於是其他業者的開路先鋒。因此，Google的如意算盤是讓這個訴訟沒有答案，雖然和解所付的錢不少，但這個價格等於是對其他業者築起一道進入市場的高牆，追隨者若不願親身測試法院對於合理使用的認定，又付不起這麼多錢，就會被阻絕在市場外，而和解能讓Google免於漫長的官司糾纏，立即合法使用這些著作，持續搜尋引擎盟主的地位。

至於出版商或著作權人和解的原因，也是現實考量。數位網路環境下，紙本市場已經大幅滑落，萬一法院判定Google是合理使用，將是雪上加霜，若能夠藉助圖書館與Google已經數位化的書籍放到網路上，自己可以降低數位化成本，還可以及早讓讀者熟悉以數位網路管道接觸出版品，搶占這塊市

場。在Google已經完成數位檔案的700萬本書籍中，有100萬本是先前已獲授權的，另外100萬本是年代久遠，已不再受著作權法保護，屬於「公共所有」（public domain）的著作，其他500本書有很多是因沒有商業價值而絕版，原本是被塵封在圖書館的角落，經過Google將其放在網路上供全文檢索，這些久已無人問津的書籍，被重新賦予新的生命，再度被流通或銷售，公眾接觸到資訊，著作權人增加收益。

認識「書籍著作權登記中心」

在和解的協議中，將會成立一個非營利的「書籍著作權登記中心」（Book Rights Registry），作為分配權利金的依據，這一組織將扮演著作權集體管理組織的功能，著作權人為了分配權利金，會出面確認其身分，可以減少那些原本找不到著作權人的「孤兒著作」（orphan works）的數量，也算是附帶為公眾帶來好處。此外，政府或圖書館也可以購買會員帳號，讓公眾在圖書館館內，免費瀏覽這些圖書的全文。

Google與著作權人的和解，依舊讓部分專家忐忑不安，他們對於各大學圖書館將長年鉅資匯集而來的館藏，奉送給Google這樣的商業公司進行數位檔案而營利，質疑其正當性，他們更擔心Google成為付費才能閱讀的世界圖書館，包括已屬公共所有的知識也都被壟斷、「書籍著作權登記中心」並沒有權代表所有著作權人與Google洽談授權費用、Google自訂的付費瀏覽價格是否合理、線上收費機制記錄讀者閱讀活動構成侵害隱私權、集中付費的商業機制不利推動中的「孤兒著作」法案等。

相對於唱片業界與網路服務業者間為了網路非法檔案傳輸

的緊張關係，非得在法律上爭個你死我活，一定要一分高下，出版業顯然採取比較務實的做法，他們選擇與搜尋引擎業者合作，共創商機。然而，Google所建立的世界圖書館，長遠來說，對於全體公眾到底是福是禍？目前沒人說得準。

單元21

自由不是免費，free不等於free

　　虛擬的數位網路環境，是個自由發表意見，免費接觸資訊的大寶庫，大家可方便快速地在網路溝通、交換意見，但過度的方便，卻也容易造成忽略著作權法存在的後遺症，網路雖是個自由（free）的園地，卻未必就能免費（free）地使用他人著作。

 ### 方便不代表隨便

　　2009年2月，警方一口氣將六位大學生以侵害著作權案件，移送地檢署偵辦。這些學生分別以不同的原因，將出版社的日文教材放到網路上和大家分享，遂而觸犯著作權法。

　　據報記載，某位北部國立大學女學生，擔任班級的日文小老師，教授把購得的日文教材交她保管，她為了方便同學在家研習，就把教材上傳到部落格，讓同學自由下載。若深入探討，可發現該案例中有很多不合理之處，上日文課不是該買教材嗎？日文教授為何將上課用的教材交給班上小老師？只是讓同學看看那本書長得如何，再一起團購嗎？還是暗示同學們集資，請小老師一起到影印店團印？但最後該小老師很靈光，善用網路技術，把日文教材掃描成電子檔，上傳到部落格，讓大家自由下載。

　　還有位女大學生表示，因為期末考將近，同學們知道她有

買這本教材，紛紛向她借閱，她就把教材上傳網路，讓同學自由下載。另一位男同學則是因加入分享論壇的網站，該論壇要求會員必須對論壇有貢獻，吸引更多網友點選該論壇，才能獲得會員等級的提升，於是他就將上網搜尋到的這套日文教材上網，以爭取提升會員等級。

🌀 正視著作權人人有責

把日文教材掃描成電子檔，是著作權法所定的「重製」行為，上傳到部落格，讓大家自由下載，是「公開傳輸」行為，這些行為原本都要經過出版社的授權。這和將一本書在同學、好友間傳借，有很大的不同。當大家可以在網路上瀏覽、自由下載，取代了日文教材的購買，出版社當然會有意見。更何況，這還不僅是他們班的同學可以瀏覽或下載，全世界只要能上網的人，都可以自由進到部落格，做同樣的事。

這種事在其他場合也常發生。以前，大學教授會指定同學應該閱讀哪一些指定書籍或期刊論文。後來，是教授們將這些資料蒐集起來，在學期開始時，交給班代去集體影印裝訂，人手一冊。現在，為落實節能減碳的環保概念，教授們會將不同書籍的部分內容或期刊論文，掃描成電子檔，放在學校的網路教學平臺中，讓選課的同學憑學號及密碼，進入平臺自己下載、列印，作為上課教材使用，同學們就不必再到圖書館或商業資料庫去搜尋影印。

為個人研究或撰寫論文的目的所需，著作權法第51條允許個人到圖書館找資料，影印部分內容，這屬合理使用（fair use），但全班有計畫性地整批影印，或放到學校的網路教學平臺中傳輸，取代了教材選購，就不是合理使用，而是要獲得

授權，在國外，這些做法必須要透過著作權人所組成的集體管理組織（collective society），來進行集體授權。

在過去，政府機關或企業的秘書人員，每天早上會將當天報章上與自己業務有關的新聞報導影印，做成新聞剪報，供少數高層快速參考，以便因應媒體或採取適當對策。網路發達後，秘書人員改變做法，有些是在網路上搜尋報紙新聞的電子檔，再列印紙本呈送；有些是以電子郵件，對全體內部人員傳送；有些則是整理成資料庫，放到內部區域網路，只有機關或企業內部人員可以接觸；又或甚至放到機關或企業網站首頁，以最新產業消息呈現，對各界提供。

這些涉及著作權法所規定的「重製」或「公開傳輸」的做法，常常會影響報章雜誌的發行量，應該要獲得報章雜誌社的授權。有一些報章雜誌社或媒體公司，自己就是以商業經營模式，針對特定客戶需求，提供新聞剪報秘書的服務，政府機關或企業的內部數位網路剪報做法，其實已發生市場替代，很難主張是合理使用。

數位網路帶來很多方便，各種的商機也不斷隨之創新開展。過去紙本時期理所當然的，現在未必就可以比照。過去對著作權人影響不大的利用著作行為，著作權人不易發現，發現後也不會主張權利，但現在科技方便後，利用效果宏大，網路活動很容易被檢索到，利用人若沒有調整觀念，以為網路就是個自由（free）的園地，就誤認為可以免費（free）地使用他人著作，很容易就會侵害他人的著作權，不可不慎。

單元22

Free？自由的網路≠免費的內容

 網路是free的，但不是免費的。

　　大家都說，網路是free的。不過，這個free是指「自由」，人人都有機會接觸網路，在網路上搜尋資訊，發表意見，卻不表示網路上所有的內容都是「免費」的。

　　2021年5月，一個YouTuber網紅的內容被別的網紅抄襲，非常生氣，揚言提告，引來一堆粉絲聲援。誰知過了不久，網紅自己也被發現上傳的YouTube影片，用了其他網頁的照片，片頭曲也是十幾秒別人的音樂，通通沒有取得授權。一開始，網紅想以註明來源的方式處理照片，並默默換掉原來的音樂，最後則是將相關影片全部下架，但都沒有正式回應。聲援與批評的粉絲，相互爭辯，很多說法都是想當然爾，卻未必符合著作權法的規定。

著作自完成時起受著作權保護

　　著作權法第10條規定，著作人自著作完成時起就享有著作權，不待申請或是獲得誰的批准，即使沒有發表或標示著作權歸屬，都不影響著作人對於著作權的取得。

　　這項規定說明了兩件事：1.自己的創作要受著作權保護，是一件很容易的事；2.眼見耳聞的著作，只要不是古人的創作，不是自己的創作，就是別人受著作權保護的著作，要使用

都應取得授權，沒有經過授權就使用，除非能找到合理使用（fair use）的依據，否則就是侵害著作權，不能免責。

 ## 授權利用是原則，沒說清楚的就是沒授權

利用別人的著作，取得授權是原則，合理使用是例外。關於著作利用的授權，著作權法第37條規定，利用的地域、時間、內容、利用方法或其他事項，要由著作財產權與利用人雙方約定，「約定不明之部分，推定為未授權」，也就是說，沒說清楚的，就是沒授權，這項「權利保留原則」，目的是為了保護著作權人。利用人到底想怎麼利用著作，一定要跟著作權人說清楚，獲得同意，否則，都會被認為並沒有取得授權。

著作利用的授權，著作權法沒規定一定要簽書面契約，雙方在重要的事項取得協議，例如，什麼著作、怎麼用、要付多少錢，授權契約就成立生效了。如果有其他人證、物證，可以證明授權約定存在，不一定要用書面契約當證據。

利用著作應取得授權，這是法律的規定，但到底是利用人要付錢給著作財產權人？還是著作財產權人要付錢給利用人，拜託利用人協助行銷自己的著作？還是雙方合作免費利用著作，相互幫襯，是市場機制運作的結果。但利用人千萬別說，用你的著作是幫你行銷，所以不必你的同意，否則，這就變成「盜版有理」了。

 ## 合理使用不是你說了算

著作權法除了保護著作財產權人的私利，也關注公眾利用人類創作發明的公益，所以在第44條至第65條規定了很多合理使用的情形。第65條第1項還明文規定，著作的合理使用，

不構成著作財產權的侵害。可是，著作的態樣很多元，利用的情形也很複雜，著作權法沒辦法明確規定，什麼著作，用多少，怎麼用，就構成合理使用。第65條第2項只是抽象規定，著作的合理使用，「應審酌一切情狀，尤應注意下列事項，以為判斷之基準」，這四項基準包括：

1. 利用之目的及性質，包括係為商業目的或非營利教育目的。

2. 著作之性質。

3. 所利用之質量及其在整個著作所占之比例。

4. 利用結果對著作潛在市場與現在價值之影響。

著作的利用到底是不是合理使用，誰說了都不算，只有在爭議鬧上法院後，由法官根據每一個個案的事實，依法判定。可是，總不能每件爭議都上法院吧？這時，就不得不佩服有學問又有智慧的古聖人了。孔老夫子說了，合理使用者，「己所不欲，勿施於人；己所欲，施於人」，只要著作財產權人與利用人角色互異，其實大家心裡有數。

沒有營利 ≠ 合理使用

一般人都誤以為，只要沒有營利，都是合理使用，偏偏著作權法不是這樣說。第65條第2項規定，著作的合理使用，「應審酌一切情狀」，而四項審查基準的第一項中，只說應特別注意「利用之目的及性質，包括係為商業目的或非營利教育目的」，並沒說「商業目的」就一定不是合理使用，或是「非營利教育目的」，就一定是合理使用。這項基準只是說，「商業目的」比較不易構成合理使用，所以教授出書賣錢，引述其他學者的文章片段作為論證，還是有合理使用的可能，而「非

營利教育目的」，比較容易構成合理使用，所以教授上課播映整部電影給同學觀賞，還是不能主張合理使用，因為這項利用會發生「市場替代」的效果，通不過第四項的「利用結果對著作潛在市場與現在價值之影響」檢驗標準。

註明出處≠合理使用

也有人誤認為，只要註明出處，就是合理使用，可是，著作權法第64條規定，著作的合理使用，應以合理方式註明出處，並沒說註明出處就等於是合理使用。故合理使用若沒有註明出處，可以依據第96條處罰，但如果不是合理使用，光是註明出處，也不能免除侵害著作權的法律責任。

事後授權不會讓侵權變合法，只有不再追究的效果

未經授權利用別人著作，如果不是合理使用，就會構成侵害著作權。侵害著作權的行為，在完成利用時，就已經構成。刪除或下架，只是避免侵害狀態延續，造成更嚴重損害後果，並不會讓已發生的侵害變成沒發生過，充其量只能算是犯後態度良好，損害未擴大，有利從輕量刑或減少賠償金額。因此，事後的和解，即使著作財產權人同意可以繼續使用，授權的效果只能向後發生，並沒有溯及效力，讓先前的侵權行為變成合法利用，只能說，這是著作財產權人不再追究而已。

網路是「自由」（free）的，但不表示網路上所有的內容都是「免費」（free）的。利用他人著作以前，不管是在YouTube、Podcast或Instagram，都應取得授權，除非能夠找到合理使用的依據。有正確的著作權觀念，才不會只是口舌之爭。

單元23

開房間的法律議題——Clubhouse之著作權議題

疫情緊張之下，「開房間」成為全民安全活動。此處所稱之「開房間」，並非以往於實體環境下之房間群聚，更非防疫指揮官所形容之「人與人的連結」，而係開啟線上Clubhouse APP軟體，邀請相關人士前來共襄盛舉，進行線上意見交流活動。

Clubhouse雖說係線上意見交流活動，且係於語音房間內有限人數之交流，但交流內容係著作權法保護之「著作」，交流對象合於著作權法定義中之「公眾」，Clubhouse中之討論過程，無論係提出自己創見之內容，抑或係引用他人既有內容，均涉及公開使用著作之著作權議題，相關參與者應具備著作權意識，始足以保護自身著作權，且不致侵害他人著作權。

Clubhouse之交流內容多係著作權法保護之「著作」

關於「著作」之定義，著作權法第3條第1項第1款規定：「指屬於文學、科學、藝術或其他學術範圍之創作。」Clubhouse裡，參與者有機會發聲，不管是自己的聲音，還是別人的聲音，前者除口語或文字之「語文著作」外，至多僅及於「音樂著作」、演唱或演奏之「表演」、「錄音著作」及「視聽著作」之聲音。各該著作依據著作權法第10條規定，

著作人於著作完成時，立即自動享有著作權，受著作權法保護，並不待申請註冊或登記獲准；後者在Clubhouse裡使用到他人的著作，不管是播出音樂、唱歌、朗讀他人文字內容，都涉及公開利用他人著作，應該取得授權。

 ## Clubhouse之使用者構成著作權法之「公眾」

著作權法第23條至第27條賦予著作人專有公開口述、公開播送、公開上映、公開演出、公開傳輸及公開展示其不同類別著作之著作財產權，其共同點，均以對公眾提供著作內容為核心。

著作權法所稱之「公眾」，其認定係以著作內容之提供者與接觸者彼此間之關係為依據，而非以其地點是否處於公開狀態為基礎。該法第3條第1項第4款關於「公眾」之定義，明定為「指不特定人或特定之多數人。但家庭及其正常社交之多數人，不在此限。」Clubhouse之使用情形中，惟有純封閉（closed）之私人房間，其成員彼此間尚可能具「家庭及其正常社交之多數人」關係，致未構成著作權法所稱之「公眾」，其他完全對所有Clubhouse APP使用者公開（open），或僅對追隨自己之使用者開放（social）之情形，其成員彼此間，應已構成著作權法所稱之「公眾」。從而，於該等Clubhouse「房間」內之著作利用行為，均構成對「公眾」提供著作之要件，除有合理使用（fair use）之情形外，應取得著作財產權人之授權。

 ## Clubhouse中利用既有著作之授權

在Clubhouse中利用既有之著作，屬於對公眾提供既有著

作之行為，將涉及重製、改作、編輯或公開傳輸著作之行為，除自己享有著作財產權之著作外，均應注意尊重他人著作權議題。即使係年代久遠，已屬於「公共所有」（public domain）之著作，仍應注意著作人格權之議題，例如，基於公開發表權，不得任意公開私人日記、書信或其尚未公開發表之文字手稿、音樂曲譜或聲音內容；公開他人著作內容時，基於姓名表示權，應依著作人原先於著作上或公開發表時所呈現之著作人本名、別名或不具名狀態，敘明著作人為何人；基於禁止不當修改權，不得任意「以歪曲、割裂、竄改或其他方法改變其著作之內容、形式或名目」致損害著作人之名譽。

在Clubhouse利用他人享有著作財產權之著作，無論係意見交流過程中之利用，或係直接演唱、演奏、播放他人音樂、朗讀小說、散文或繪本文字，除有著作權法第44條至第65條之合理使用情形外，應視其利用情形，分別取得重製、改作、編輯或公開傳輸之授權。

有時，「房間管理員」於Clubhouse正式開始前、交流段落間或結束時，插播音樂以提升交流品質，轉換或舒緩參與者情緒，除自行創作並演奏之音樂，或使用網路上免費授權音樂之外，因此種使用並無合理使用之空間，原則上應取得授權。

Clubhouse中利用他人著作之授權，原則上參與者之利用人僅需取得於Clubhouse中使用一次之授權，若於Clubhouse中發表之內容，後續仍有進一步重製或散布之可能，於初次洽談授權時，即應將後續可能之利用，一併納入考量，避免日後重新洽商授權，因條件不合而破局，影響後續利用。未來，若Clubhouse平臺經營者與音樂著作權集體管理團體達成協議，由Clubhouse平臺代為洽商完成音樂著作利用之授權，或可減

省使用者或參與者於音樂著作使用授權程序。

Clubhouse中利用他人著作之合理使用

著作權法第52條規定：「爲報導、評論、教學、研究或其他正當目的之必要，在合理範圍內，得引用已公開發表之著作。」此項合理使用可簡稱爲「引經據典」條款。Clubhouse中之發言，無論係評論他人見解、旁徵佐證自己之特定議題分析或係作爲教學教材之內容，均有直接引述他人著作之合理使用空間。

Clubhouse中之意見交流，如以社會時事之討論爲主題，著作權法第61條則有轉用媒體或網路著作之合理使用可能。該條規定：「揭載於新聞紙、雜誌或網路上有關政治、經濟或社會上時事問題之論述，得由其他新聞紙、雜誌轉載或由廣播或電視公開播送，或於網路上公開傳輸。但經註明不許轉載、公開播送或公開傳輸者，不在此限。」於Clubhouse中轉用他人著作，屬於公開傳輸之行爲，則他人於媒體或網路上「有關政治、經濟或社會上時事問題之論述」，凡未註明「不許轉用」者，均得轉用，故於轉用前，應注意其是否有「不許轉用」之註記。

新興技術爲人類生活帶來各種方便，隨之而來之負面影響亦無可避免。Clubhouse線上語音交流新技術於緊張疫情隔離期間，拉近人與人之間之疏離感，同時紓解孤寂之情緒，係其正面之功效，至於其所牽涉著作權之享有、侵害及保護議題，必須先對Clubhouse線上語音交流所涉著作權法相關規範有所了解，始能掌握保護自身著作權，同時避免侵害他人著作權之重要契機。

單元24

機上盒侵害著作權之法律責任

　　收看有線電視，一個月500元貴不貴？如果花2,000元、3,000元買一個機上盒，除了可以免費收看所有的有線、無線、衛星電視節目，還可以看首輪電影及各種影音內容，應該更划算，但消費者會認為這是合法的嗎？

　　這些機上盒都有一些共同特點，就是讓消費者連結到境外非法網站觀賞內容，而這都是不法集團在境內攔截有線、無線、衛星電視節目訊號，或以各種方式取得影音內容後，未經授權傳送到設立在境外的非法網站，專門服務境內消費者。

　　著作權人好不容易投資鉅資與人力完成的電視節目或電影，原本期待藉由授權電視臺播出（公開播送）、電影院播映（公開上映）或線上傳送（公開傳輸）以回收成本，竟都因為這些機上盒的行銷而血本無歸，這樣是公平的嗎？

　　過去消費者花錢向業者買機上盒，就能透過機上盒內已建入不可刪除的P2P軟體來收看影片播放，或是連上境外網站，下載P2P軟體來收看影片播放；後來，業者為了規避法律責任，改成在機上盒內建APP，讓消費者得以直接連結境外平臺網站之雲端資料庫，隨時觀看影片。

　　就非法網站之取締方面，不肖業者在境外架設網站，未經授權而將境內所有的有線電視節目內容及電影，上傳至該網站，再以行銷非法「機上盒」及其相同功能之電腦程式的方

式，讓境內消費者透過預設的境內網址鏈結，指向境外非法網站，以收看這些非法的內容。這種未經授權而將他人著作上傳網站之行為，已構成侵害重製權及公開傳輸權。由於網站是設在境外，著作權人或檢警調機關要取締侵害並不容易。

雖然，機上盒的審驗機關是國家通訊傳播委員會（NCC），但這純粹是因機上盒具備WiFi或藍芽無線射頻功能，為避免射頻功能過強，影響用戶健康或干擾網路、手機、廣播頻道等電波，或是功能過弱，造成經常斷訊、難以收視，故應依電信法第49條第3項規定，經認證、審驗合格，始得製造、輸入、販賣或公開陳列電信管制射頻器材。由於不肖業者常以通過NCC審驗，誤導外界以為內容也是經過合法認證，NCC經過多次抽驗後，也曾廢止審驗後另以不符規定製品行銷的機上盒之認證。然而，這些行政作為與打擊盜版並無直接關聯，只是多少會影響非法機上盒之行銷而已。

經過多方努力，在著作權產業之努力遊說之下，2019年著作權法修正增訂第87條第1項第8款之「機上盒條款」，將「明知他人公開播送或公開傳輸之著作侵害著作財產權，意圖供公眾透過網路接觸該等著作」，並符合一定情形而受有利益者，直接明定「視為侵害著作權」。這些情形包括：1.提供公眾使用匯集該等著作網路位址之電腦程式；2.指導、協助或預設路徑供公眾使用前述電腦程式；或3.製造、輸入或銷售載有前述電腦程式之設備或器材。此外，並於第87條第2項，將「採取廣告或其他積極措施，教唆、誘使、煽惑、說服公眾利用電腦程式或其他技術侵害著作財產權者」，明定係具備該款之意圖，使得這些業者必須承擔民、刑事責任。

此項修正所要遏止者，是惡意提供非法「機上盒」及其相

同功能之電腦程式而獲有利益之行為，且提供者必須具有供他人透過網路接觸侵害著作財產權內容之意圖，至於直接在網路提供侵害著作財產權內容供公眾瀏覽之人，屬於侵害重製權或公開傳輸權之行為，可以直接依著作權法第91條及第92條處罰，並使其承擔民事賠償責任，不必依「機上盒條款」處置。本款雖可稱為「機上盒條款」，事實上於適用時，並不限於「機上盒」之硬體設備。蓋科技突飛猛進，日新又新，「機上盒」不足以含括所有能提供透過網路接觸網路上非法內容之電腦程式，其或許以任何形式嵌入其他硬體，亦可能直接以無形體之電腦程式檔案於網路上散布。

　　科技永遠在法律之後追趕，吾人亦不期待法律超前科技而引導科技發展走向。法律要尋求維持社會之公平合理，既要保障創作發明者之私權，也要維護公眾接觸資訊自由之公益。著作權法賦予著作人著作權，自然要進一步維護此項權利獲得應有之落實保護，不能因為公眾接觸資訊自由之公益，致使私權幾近不保，甚至危及國家文化之重要產業生存與發展。非法「機上盒」及其相同功能之電腦程式，是達成境外侵權網站侵權效果之主要工具。「機上盒條款」在保障創作發明者之私權與維護公眾接觸資訊自由之公益之間，達到適當之均衡。

第 5 篇

圖書館篇

單元25 數位圖書館的挑戰與未來

單元26 公共借閱權——圖書館應補償作者的損失？

單元27 大英圖書館的遠距文獻傳遞

單元28 數位化後百科全書的著作權議題

單元25

數位圖書館的挑戰與未來

　　科技的發展讓圖書館的經營產生了巨大的改變，關於圖書館是否成功的評斷標準，不再是在硬體上有多少的館藏或有多大的建築，而是在軟體上如何能讓讀者很快地、很正確地接觸到他所想要接觸的資訊。數位化圖書館藉由數位化網路科技的幫助，正可以達到此一終極目標。

　　試想一個理想的數位化圖書館具備的功能──任何一個讀者，在任何時間，在世界上的任何一個角落，不必在開館時間內親赴圖書館，就可以利用網路進入數位化圖書館，搜尋到所想要的資訊，全文列印，或將電子檔儲存、編輯。經營這樣一個理想的數位化圖書館，在著作權法上其實面臨許多問題。圖書館可不可以把所有館藏數位化？其法律依據何在？如果可以讓讀者在家進行資料搜尋、全文列印、電子檔儲存，則資料庫業者、出版社或書店將如何生存？著作權人的權利如何保障？

　　圖書館主要肩負二項重要功能，包括「資料保存」與「資訊提供」。在此二個不同目的下，其做法應有不同。而在著作權方面，圖書館常面臨的是「重製權」與「公開傳輸權」的議題。

　　在現行著作權法中，圖書館能夠重製受著作權法保護的館藏依據，在於第48條及第48條之1。在第48條，其必須是：1.應閱覽人供個人研究之要求，重製已公開發表著作之一部

分，或期刊或已公開發表之研討會論文集之單篇著作，每人以一份為限；2.基於保存資料之必要者；3.就絕版或難以購得之著作，應同性質機構之要求者。

　　圖書館要把館藏數位化唯一的可能是「基於保存資料之必要者」，但該款的立法原意，是在館藏即將毀損時，為了保存資料而進行重製。目前圖書館所希望將所有館藏數位化，其客體並不限於即將毀損的館藏，而是所有新舊著作，在目的上也不只是「保存資料」，還包括更進一步地，具備有利於檢索、接觸與傳播之功能。所以，現行第48條的規定，並不能使圖書館作為將其館藏數位化的法律依據。

　　至於第48條之1：「中央或地方機關、依法設立之教育機構或供公眾使用之圖書館，得重製下列已公開發表之著作所附之摘要：一、依學位授予法撰寫之碩士、博士論文，著作人已取得學位者。二、刊載於期刊中之學術論文。三、已公開發表之研討會論文集或研究報告。」

　　這一規定之下，圖書館能重製的也只是這些論文所附之「摘要」，而非全文，其目的在便於提供摘要之檢索，而非全文閱覽或提供。

　　數位化圖書館成功後，若再透過網路接觸與館際交流，會涉及著作權人的「公開傳輸權」，應該獲得授權。事實上，目前已有許多資料庫業者，將各種期刊論文加以數位化，做成電子化資料庫，以收費的方式進行商業營利經營，供消費者檢索、閱覽、列印或下載，若圖書館可以不必經過著作權人同意，就提供公眾網路瀏覽與下載、列印，則資料庫業者、出版社或書店將無存在之必要，蓋所有資訊皆可透過線上數位化圖書館取得，讀者不必買書、訂閱電子報或加入會員使用資料

庫。這樣的結果造成的局面是，成功的數位化圖書館摧毀了資料庫業者、出版社或書店經營的基礎，造成資訊無法繼續產生，館藏不再成長。

2008年6月，國際知名的兩大搜尋引擎Google及Yahoo分別對外宣稱要建立數位圖書館，引起全球關注，但做法不同，所獲評價也不同。Yahoo的Open Content Alliance（OCA）計畫，是將公共所有或經著作權人授權的著作數位化後，加以公開；Google的Print Library Project（PLP）則是未經授權，就將仍受保護的著作逕行數位化，宣稱若有著作財產權人反對，則會將其著作從資料庫中刪除，且主張一般人僅能看到著作的一小部分，不會看到全文，所以是合理使用（fair use）。Yahoo的OCA計畫獲得各方的肯定，而Google的PLP則是遭到美國出版商協會的法律控訴。這一兩極發展，值得作為推動數位圖書館之警惕。

從作者或出版社的角度，圖書館每出借一本書，就表示書籍的銷售量要減少一本，尤其許多暢銷小說或僅具參考功能的創作，既沒有一讀再讀或經常使用的價值，透過圖書館借閱，就幾乎取代書籍的銷售。歐洲國家乃建立一套「公共借閱權」（public lending right, PLR）制度，由政府編列預算補償著作人的損失，要求圖書館每借出一本書，都應支付作者或出版商相當的補償金。我國雖然未引進「公共借閱權」制度，但由此可知數位化圖書館的建立，絕對必須關照著作人的權益。

如何讓數位化圖書館利用現代數位化科技，忠實地僅扮演圖書館的角色，而不與資料庫業者、出版社或書店爭利，其做法可考量在著作權法中的立法，包括如下：

1.館藏數位化要明文立法，以為依據，且僅限於就館藏數

位化，不得無館藏而任意數位化，又市場上若已有數位化產品，則應價購而不得自行就館藏數位化。

2. 數位化圖書館應可供讀者線上目錄檢索，但不得做線上資料全文內容閱覽與提供。

3. 館內使用僅限數位化資訊之資料檢索、全文內容閱覽與紙本提供，但不得將全文內容數位化檔案流出圖書館。

4. 館內同一時間之資料全文內容閱覽須做人數限制，正如同一著作有幾本館藏，就僅能提供相同人數閱覽一般。

5. 報章、雜誌或期刊之資料若已有商業資料庫建立者，館內僅提供目錄檢索與原版影印，至於資料庫業者能提供之全文內容閱覽、紙本列印或電子檔儲存，應與業者連線，供讀者付費使用。

著作權法在各方面限制公眾在取得資訊便利，其實是有意識地限制利用行為，以保護著作權人。公眾當然希望圖書館能盡可能利用數位科技進行數位化，進而進行遠距傳輸資訊之服務。然而，網路無國界，一個數位化圖書館的開放，會讓全球各地的讀者都可以跨越國界，無限制地取得資訊。目前有些國家的圖書館除了就已屬公共所有之館藏進行數位化之外，從未聽說可以未經著作權人授權，就將他人著作數位化，並透過網路或電子傳送方式對各界提供。在立法上也要非常小心，避免為了資訊自由而對著作權人在著作權法上之權利造成不可彌補之損害，更違反國際著作權公約。

實務上，先進國家都是透過商業機制，以授權方式將期刊論文建立數位資料庫，讓使用者付費使用資料庫裡的論文，資料庫業者再支付著作權人使用之報酬，而圖書館則在維持著作權法所允許的原有合理使用機制以外，一方面另以網路連線方

式，扮演一個方便利用人付費利用的媒介，使利用人可以透過其取得資料庫業者及出版社的數位化商品，另一方面也可以大幅降低圖書館館藏數位化之成本，三方互蒙其利。著作權法固然要協助圖書館引進數位化科技造福廣大讀者，卻不得任其蛻變爲吞噬資料庫業者、出版社或書店的怪獸。

單元26

公共借閱權──圖書館應補償作者的損失？

　　報載臺灣師範大學一名學生，三年內在學校圖書館借了840本書，登上借閱量排行榜第一名，他時常在閱畢後撰寫書評、上傳網路、和網友交換心得。他更將大量閱讀所獲得資訊，運用為日常討論與對話的素材，使原本害羞、靦腆的自己，變成極有自信，受人歡迎。

　　臺師大圖書館還特別統計近十年書籍借閱的情形，發現前六名都是金庸的武俠小說，其中第一名是4,554次的「天龍八部」，第二名是4,335次的「鹿鼎記」。這就令人想到，圖書館若經營得太成功，每出借一本書，就表示書籍的銷售量要減少一本，尤其許多暢銷小說或僅具參考功能的創作，既沒有一讀再讀或經常使用價值，透過圖書館借閱，就幾乎取代書籍的銷售。於是人們要問，難道圖書館的經營不需要對著作人或出版商的損失做一些補償？公共借閱權（public lending right, PLR）就是在此背景下產生。

💬 何謂公共借閱權？

　　「公共借閱權」的觀念起源於北歐國家，1918年時，丹麥作家Thit Jensen首先主張圖書館每出借一本書都應支付她約1.5美分的丹麥幣。經過多年的努力，直到1946年，丹麥政府才以行政規定承認「公共借閱權」。隨後，瑞典（1955）、

芬蘭（1961）、冰島（1963）、荷蘭（1971）、西德（1972）、紐西蘭（1973）、澳洲（1974）及英國（1979）分別保護作者或出版商的公共借閱權，要求圖書館每借出一本書，都應支付作者或出版商相當的補償金。

　　目前，已有35個國家立法保護公共借閱權，有些國家，如奧地利、德國、荷蘭、愛沙尼亞、拉脫維亞、立陶宛等，是在著作權法中規範；也有些國家是在著作權法外，以單獨立法方式，如在「公共圖書館法」或「公共借閱權法」中，建立公共借閱權制度，如澳洲、丹麥、格陵蘭、冰島、挪威、斯洛維尼亞。歐盟曾在1992年11月通過出租及借閱權指令（directive），要求所屬的會員國應在1994年7月1日以前，立法賦予著作人或出版商公共借閱權，或是至少應就圖書館出借書籍對著作人或出版商所造成的損失，給予金錢上的補償。相對地，該指令也同意某些圖書館，例如學校或教育機構的所屬圖書館，可以例外地不適用指令的規定。這項指令後來在2006年再度被修正。

公共借閱權實施注意要項

　　要圖書館的讀者因為作者或出版商的公共借閱權而付費，似乎會使圖書館的功能與目的瓦解，同時基於計算與支付費用及成本上的考量，讓圖書館直接向著作人或出版商付費也不划算。從而，這筆補償金通常是透過政府編列預算，每年由圖書館支付給著作權人所組成的著作權集體管理團體，由其做進一步分配，而不是直接付給著作人或出版商。由於每一本書都有「國際標準書碼」（ISBN），等於是書本的國際身分證字號，更藉由圖書管理電腦化系統，圖書館在統計書籍的館藏與

被借出的情形並不困難，著作人或出版商應取得的補償金也能很精準地被支付。大部分可以領取補償金的書籍，限於在市場上銷售的商品，對於可以領取的對象，各國也都會有一些限制，例如，必須是本國人或在國內有常居所的外國人，或是著作內容必須是本國語文，或是必須辦理登記者，才能參與補償金的分配。

雖然各國的公共借閱權制度，在計算著作人或出版商應取得的補償金方面不盡相同，有些依館藏量，有些依書籍被借出的次數，但通常都要扣除行政管理費，且金額少於一定數量時則不支付，超過一定數量時會逐級打折扣，更有部分費用被用於有利於全體著作權人的公益活動，例如年輕作家之獎助金、老作家之退休補助及保護著作人或出版商之教育等。在補償金的分配上，著作人可以拿到較多的比例，出版商則拿到較少的比例，雙方的比例約是7：3。在翻譯方面，原作者與翻譯者則可能平分著作人所可以分得的金額。

公共借閱權雖然可說是衍生自著作權法中之散布權觀念，不過，它與著作權仍有一些差距，國際著作權公約也沒有將公共借閱權納入，這就是有些國家在著作權法以外的法律保護公共借閱權的原因。國內很少提起公共借閱權，而2003年新修正的著作權法才開始引進散布權，公共借閱權制度的建立，尚有待進一步建立共識與討論，這一維護著作人或出版商權利的理念，應該被國人所關切。

單元27

大英圖書館的遠距文獻傳遞

　　圖書館對於資訊傳播扮演重要地位，讓公眾不必購買所有的書刊，就能方便地接觸各類資訊，但圖書館經營若過於成功，將嚴重影響著作人的權利，這當中必須有一些均衡，才有利於全體社會發展。從大英圖書館依循英國著作權法（*The Copyright, Designs and Patents Act*）相關規定的運作，可以了解其在均衡著作權人之私權與公眾接觸資訊之公益所做的努力。

認識英國著作權法

　　依據英國著作權法第29條規定，讀者為供非營利之目的，或是私人學習之使用，可以在圖書館自行影印書籍的一小部分，或是一份雜誌的一篇文章，這是屬於合理使用（fair dealing）的行為，不必獲得著作權人的授權。至於員工為公司業務上之研究，則不得主張是合理使用。

　　而依英國著作權法第38條及第39條規定，大英圖書館的館員對於親自到該館閱覽室（reading rooms）要求影印的讀者，得要求簽署一份宣誓文件，保證確實係符合著作權法規定之使用目的，代為影印，讀者要支付一筆服務費，這即是一般所稱的「圖書館之特權」（library privilege），而這些宣誓文件將被保存七年以上，以供權利人隨時查考。當然，並不是所

有圖書館都享有這份特權，必須符合法律所定的圖書館，才能
對讀者提供合理使用的影印服務，一般公司或機關所附設的圖
書館，就不能提供影印服務。

大英圖書館——遠距文獻傳遞中心

對於無法親自到館的讀者，大英圖書館也設立有特別
的遠距文獻傳遞中心（The British Library Document Supply
Center），提供影印服務。不過，這項服務不直接對讀者提
供，而是要讀者親自到就近合格的圖書館，如公立圖書館或大
學圖書館，繳交服務費，並簽署宣誓書保證確實係符合著作權
法規定之使用目的，由這些圖書館保存後，大英圖書館才會將
所需影印本傳送該圖書館，轉交給申請的讀者。這服務與其說
是讀者向大英圖書館申請影印，不如說是大英圖書館透過「館
際交流服務」（inter-library loan service），對沒有該館藏之
圖書館提供必要之協助，但轉交該項影印本之圖書館，自己並
未保存該影印本。

影印一份雜誌的一篇文章，很容易確認合理使用的範圍，
但一本書到底可以影印多少，著作權法沒有辦法明定，大英
圖書館自訂的規範，限於一本書的5%或是一個章節。超過這
些範圍的影印，或目的與著作權法所定合理使用範圍不符的，
大英圖書館則提供讀者另一項服務。大英圖書館與英國的著
作權集體管理組織「著作權授權代理公司」（The Copyright
Licensing Agency Limited, CLA）簽約，讀者可以依出版社或
作者所訂的標準付費影印，由大英圖書館代收費用，轉交出版
社或作者，或交由CLA轉分配給著作權人，光是在2006年，
大英圖書館就為著作權人代收了550萬英磅。

雙軌制服務保障著作權人與讀者

透過這樣雙軌制的服務，合理使用的讀者在圖書館監督下，不必付費就取得影印本，而不致過於浮濫。至於不屬於合理使用的讀者，一樣可以獲得影印本，但要付費。在大英圖書館的影印服務機制下，讀者方便地獲得資訊，著作權人的權利也獲得很好的保障。

商業機制的期刊遠距傳送

大英圖書館面對網路數位科技發展的新局面，一直思考如何利用科技提供更好的服務，又不會對著作權人構成嚴重損害。除了維持紙本時期，讀者必須親自到圖書館查閱及申請影印之作業外，大英圖書館在2005年推出的期刊遠距傳送（British Library Direct），也發揮很好的功能。不過，這些服務帶有商業機制規模，屬於合理使用之外的經營，都是與專業期刊或著作權集體管理組織合作，讀者可以透過大英圖書館的檢索系統查到2萬多種期刊的目錄，但看不到內容，一旦確定是自己所需的文件，就可以付費取得全文，其中約有30%的內容，可以透過網路以電子鎖碼技術傳輸（secure electronic delivery），提供立即下載閱讀。這些費用，扣掉少部分行政費用，最後是由著作權人取得。

大英圖書館在著作權法的合理使用範圍裡，對讀者能提供的服務非常有限，因為合理使用是免費利用，不能過於寬鬆，以免有害著作人權利。大英圖書館只好另闢蹊徑，與出版社或著作權集體管理組織合作，讀者找資料方便，著作權人也收得到錢，皆大歡喜之餘，大英圖書館的圖書館角色並沒有受到挑戰，算是最大贏家。

單元28

數位化後百科全書的著作權議題

　　紙本的時期，買一套百科全書是奢侈的行為，所費不貲之外，還要有一間書房或一排漂亮的書架來陳列。找資料也不是很方便，先要從索引中檢索條目的所在書冊，再到該特定書冊中，逐頁翻閱，條目中若遇到不解的特定名詞，還要回到索引中重複檢索動作。更難過的是，最近發生的事實資料，必然闕如，因為百科全書自出版那一刻就已過時，出版後所發生的一切，均未及收編入冊。

　　從1990年代起，數位及網路科技結合的結果，情況完全改觀。讀者每年只要付一點點的年費，就可以成為訂戶，透過網路，進入百科全書的資料庫，依關鍵字詞檢索，精確又快速地找到所需資訊。這些資訊由專業的團隊持續地更新維護，即時又完整，還可以透過特定名詞與相關議題的鏈結，迅速提供讀者進一步的資訊。大勢所趨，百科全書已由紙本跨越光碟版，進入線上資料庫的經營模式，大英百科全書最後一次發行紙本是在2007年，大美百科全書最新紙本甚至僅見2006年版。

 百科全書數位化的著作權因應之道

　　百科全書線上資料庫時代的來臨，須要調整著作權法的規定，才能保護業者的商業利益。1996年世界智慧財產權組織

著作權條約（*WIPO Copyright Treaty*）第11條關於「科技保護措施」（technological protection measures）的規定，要求各國以法律保護著作權人所採取的科技保護措施，正是爲因應此發展趨勢。

我國在2004年9月修正的著作權法，依循國際條約要求，在第3條第1項第18款明定「反盜拷措施」的定義，「指著作權人所採取有效禁止或限制他人擅自進入或利用著作之設備、器材、零件、技術或其他科技方法」，並於第80條之2明定，對於著作權人所採取禁止或限制他人擅自進入著作之防盜拷措施，不得予以破解、破壞或以其他方法規避，進一步地，對於破解、破壞或規避防盜拷措施之設備、器材、零件、技術或資訊，未經合法授權不得製造、輸入、提供公眾使用或爲公眾提供服務。

依這些規定，破解鎖碼技術，非法進入百科全書線上資料庫瀏覽資料的人，要負損害賠償責任，至於提供破解技術、資訊或服務的人，除了要負損害賠償責任，還可依第96條之1規定，處一年以下有期徒刑、拘役，或科或併科新臺幣2萬元以上25萬元以下罰金。

數位百科全書的副作用與競爭者

百科全書轉換爲線上資料庫的經營模式，也產生一些負作用。原本，著作權法並沒有賦予著作權人「瀏覽權」（browse right）或「接觸權」（access right），著作權人無權禁止他人瀏覽或接觸他的著作。在紙本時期，沒有能力買書的人，還有機會透過書店或圖書館，接觸資訊，獲取知識，一旦百科全書在線上鎖碼，沒有付費，就完全沒有機會瀏覽或接觸著作，這

將造成嚴重的數位落差。唯一可能的彌補之道，也許是由政府或圖書館付費，取得會員帳號密碼，提供讀者在圖書館中，自由地進入百科全書線上資料庫。

傳統紙本的百科全書轉換為線上資料庫後，也不是所向無敵，它還是有強大的對手，一是免費查詢的Google等搜尋引擎，二是眾志成城的維基百科Wikipedia。

Google等搜尋引擎以查詢結果快速見長，但網路資訊幾乎毫無審查機制，搜尋所得內容之精確性，向來受到質疑，這是最大弱點。搜尋引擎業者近年紛紛積極與圖書館合作，將搜尋服務領域擴及館藏紙本，其目標之一正是要提振搜尋內容的精確度。

維基百科則是Web 2.0時代，使用者參與創作內容（user generated content, UGC）的產物，以自由開放的精神，讓公眾參與條目的建立與撰寫，並公開免費瀏覽，號稱是「自由的百科全書」，但自由開放及低度審查的結果，人人參與形成無人負責，其內容易被有心人所左右，或是造成你寫我改，永無止境的循環變動，缺乏穩定性。

相較於Google等搜尋引擎的精確性受質疑、維基百科的穩定性不足，傳統紙本的百科全書線上資料庫，還是延續了它在紙本時代的權威性。Google等搜尋引擎或維基百科，固然對於資料的查詢有很大的助益，但在撰寫學術性的論文時，引用傳統紙本百科全書線上資料庫的內容，還是較易被接受的做法。

第**6**篇
出版規劃篇

單元29 譯著的著作權規劃

單元30 「著作等身」，是福？是禍？

單元31 天下文章一大抄，不必然違法，可能失格

單元32 有聲書的著作權議題

單元33 堅持賣整本書會違反公平交易法？

單元34 快樂分享，創用CC

單元35 報童失業之後

單元29

譯著的著作權規劃

 「翻譯」的功效

　　文字創作的流通要全球化，翻譯是不可避免的途徑；知識文化的輸入，翻譯也是必要的手段。沒有瑞典皇家科學院院士馬悅然將高行健的「靈山」譯成瑞典文，高行健不可能得到2000年的諾貝爾文學獎。沒有皇冠出版社的翻譯與行銷，國人無法欣賞精彩的哈利波特系列中文版。

 「翻譯」是兩個「著作」的關係

　　「翻譯」是將一種語文的「表達」，轉換成另一種語文的「表達」，這種轉換，著作權法稱爲「改作」，不同的人就同一創作的翻譯，會有不同的「表達」結果，形成不同的創作，技巧高下立見，創作性在其中，著作權保護的必要性，由此可見。至於中文繁體字與簡體字間的轉換，任何人爲之，均會有相同的結果，就不能稱爲「改作」或「翻譯」，而是單純的「重製」。

　　在著作權法上，「翻譯」是兩個「著作」的關係。被翻譯的稱爲「原著作」，其翻譯的成果稱爲「衍生著作」，是從「原著作」以「翻譯」的方式「衍生」出來的。

　　著作權法第3條第1項第11款規定：「改作：指以翻譯、編曲、改寫、拍攝影片或其他方法就原著作另爲創作。」第

28條規定：「著作人專有將其著作改作成衍生著作或編輯成編輯著作之權利。但表演不適用之。」第6條又規定：「就原著作改作之創作為衍生著作，以獨立之著作保護之。衍生著作之保護，對原著作之著作權不生影響。」這些條文說明了，一個作者對於他的語文創作，享有翻譯成他種語文的權利，他也可以授權他人翻譯他的著作。當「原著作」經由翻譯，被「改作」成「衍生著作」後，「原著作」與「衍生著作」成為兩個不同的著作，各自受到著作權法的保護。不過，若是利用「衍生著作」，也要考量是否要經過「原著作」的著作權人同意。假設「哈利波特」的作者喬安娜・羅琳，對於原著仍享有著作權，而皇冠出版社經過羅琳的授權後，對於中文翻譯也享有著作權，若是有人想要將中譯的「哈利波特」拍成電影，除了要經過皇冠出版社授權也要取得羅琳的授權。假設有人將「紅樓夢」改寫成精簡版，另一個人要將此一精簡版翻譯成德文，由於「紅樓夢」原著已因年代久遠，成為「公共所有」（public domain），並不須經過原著者曹雪芹的同意，只要經過精簡版的作者授權即可。

如何避免未忠於原著的爭議？

著作權法第17條規定：「著作人享有禁止他人以歪曲、割裂、竄改或其他方法改變其著作之內容、形式或名目致損害其名譽之權利。」獲得授權翻譯後，仍不得未忠於原著，進而侵害他人著作人格權中之禁止不當修改權，惟翻譯他人著作，絕少情形能完全依原著作逐字逐句為之，大多數都會有所增刪或改變，而到底可以翻譯到何種程度，才不會構成以歪曲、割裂、竄改或其他方法改變其著作之內容、形式或名目致損害著

作人名譽，常是見仁見智，真的發生爭執時，最後應該是由法院認定，而不是著作人或改作人單方面決定。即使如此，實務上並不宜消極地坐視爭執發生，最後再統一由法院認定，而應可以預先做積極地因應。

　　首先，慎選翻譯者是最重要的做法，例如一開始先要求翻譯者以提出過去作品或學經歷背景等方式，展現並確保其創作能力與翻譯品質；其次，在授權契約中明定翻譯成果須經原著作人同意後再發行，使得雙方在衍生著作發行前，仍有補救修正機會；當然，若雙方事先可以就翻譯原則與方向做溝通協調，創作過程中也保持密切接觸，讓著作人了解翻譯狀況，隨時可以提出意見，就能避免翻譯完成後再做修改的成本。這樣的安排或許會增加翻譯者負擔，但相較於事後雙方對於是否忠於原著，有無侵害禁止不當修改權之爭執，應仍值得預做處理。

未經授權的翻譯能不能受保護？

　　如前面所述，翻譯是著作財產權人的權利，未經授權而翻譯他人著作，會構成侵害著作財產權人的改作權，不過翻譯亦是創作行為，因此只要是創作，就應該受著作權法保護，至於是否侵害他人著作財產權，則是另一問題，二者應區分清楚。

　　美國著作權法之立法報告曾就此問題特別記載，認為未經授權而改作他人著作致侵害著作財產權者，該衍生著作應不受著作權法保護，其理論基礎係認為法律不應保護「不乾淨之手」（unclean hand），或是所謂「毒果樹理論」——果樹有毒，果子亦有毒——非法行為之成果不應受法律保護。我國司法機關亦大多採此見解，最高法院87年度臺上字第1413號民

事判決認為，未經原著作之著作財產權人同意，就原著作擅予改作，即係不法侵害原著作人或著作財產權人之改作權，其改作之衍生著作自不能取得著作權。

翻譯市場的實務

　　相對於一般出版品，翻譯作品的出版發行是比較複雜的議題。翻譯原著大部分情形，是本地出版社與原著著作財產權人洽談授權事宜，再委請翻譯者翻譯；少數情形則是由譯者獲得原著著作財產權人授權後，再回頭找尋本地出版社出版。

　　強勢的外國原著著作財產權人對於中譯本會傾向全面性的掌握。首先，中譯者的專業背景資料要先經過審核，完成的中譯文也要經過其另外找人審核，最後中譯本的著作財產權還要歸外國原著著作財產權人，連印製都要由外國原著著作財產權人自行處理，除了要確保中譯本的品質，並掌控原著作衍生出來的一切利益。本地的出版社僅取得在臺灣地區行銷的權利，其他的都回歸外國原著著作財產權人所有。實務上，各種外國原著的中譯本引進到底會如何約定，都是市場機制的結果，通常會被引進的外國原著都是市場地位強勢者，否則也無引進價值，這就是為什麼本地出版業者難以爭取到較優越條件的原因。當然，若是口碑良好，出版品質與行銷能力都聲名在外的出版社，能說服外國原著出版社，著眼廣大華文市場之未來發展，倒也不是不能爭取到較優越條件。

翻譯者的地位

　　在國內的翻譯出版市場上，翻譯者常站在比較不利的地位。與一般創作案不同，創作案幾乎全由著作人決定內容，出

版社只有接受或不接受；反之，翻譯案之內容妥適性則由出版社決定，其品質的判斷標準其實見仁見智，因此翻譯者的地位較不利。不過，換一個角度看，如果出版社對於翻譯內容完全沒有權利修正，也非常不利。其間的均衡點應在於翻譯者與出版社對彼此實力與信譽均有所認識與了解，才易使合作關係愉快。

合理的翻譯安排

如何確保翻譯作品的品質，又公平合理地保障翻譯者權利，實務操作上有一些技術性的做法可以採行。出版社若能事先掌握翻譯者的實力與背景，了解先前翻譯成果，對於是否接受該翻譯者，以及未來翻譯成果的品質，也較能預期。

合理的付酬約定，應考量雙方的利益。翻譯作品與原著創作之不同，在於翻譯作品的出版先天上受到翻譯本質的限制，它必須受限於原著內容，難以自由發揮，且原著授權條件會嚴格限制翻譯的發行市場，翻譯者只能任憑特定出版社決定是否發行，想要轉移由其他出版社發行的可能性相對較低，所以出版社與翻譯者在報酬方面的約定，要比一般創作更關照翻譯者才是公平合理。

在報酬方面，可以約定分期先行付款的條件，例如翻譯作品完成二分之一後，先付款四分之一，完成全部並修正後再付四分之一，出版後再付二分之一。同時要約定出版期限，期限一到，縱未出版，仍應付款。此設計一方面是因只要翻譯者進行翻譯，有心力投入，出版社就應先支付部分款項以支持其生活，以便繼續創作；全部完成並依要求修正時，至少要支付一半，才是公平；約定出版期限，在避免因出版社或非屬翻譯者

的原因而影響翻譯者權益，期限一到縱未出版，由出版社自負其責，不應影響翻譯者權益。當然，此一約定牽涉市場機制，亦即翻譯者的身價如何。若無法與出版社抗爭，只能任憑其固定契約限制。此時翻譯者要依契約所定的最壞狀況評估，問問自己是否願意承擔該不利情形，若不願承擔，寧可壯士斷腕，將時間與精神投入於風險較低的創作活動，不要將時間與精神做無謂的浪費。

翻譯是一種高難度的創作，必須忠於原著，無法隨性爲之，其對於知識與文化的輸入與輸出，扮演重要角色。然而不問是學術界或出版界，均較少關注翻譯的議題。譯著的著作權安排，涉及其發行與行銷，值得國人省思與致力關心。

單元30

「著作等身」，是福？是禍？

 ## 何謂「著作等身」？

　　「著作等身」是對於創作者的一種恭維，意思是把他所有的創作堆積起來，足足可以有一個人身的高度。若以一冊書不到二公分的厚度來粗估，沒有100本創作，是很難達到的。一個人一生寫100本書，已經是很難了，因此如果一年可以「著作等身」，那就更啓人疑竇。

　　這樣的怪現象，向來在我們的學術界受到廣泛的討論，除了牽涉到學術倫理，也與著作權的保護有關。

　　創作者經過思考、實驗、觀察或整理，獲得一個新理論或心得，再著手寫文章，把他的理論或心得對外公開，這整個學術活動的過程，包含了「觀念」的形成與「表達」的完備。

 ## 學術倫理與著作權的保護

　　很多人（包括學術界與一般大眾）對於學術倫理與著作權的保護常混為一談，這當中有的是真的認知不清，有的則是故意混水摸魚。

　　著作權法明白規定，創作著作的人，一旦完成創作，就自動取得著作權，不必做任何登記或申請。而第10條之1又規定：「依本法取得之著作權，其保護僅及於該著作之表達，而不及於其所表達之思想、程序、製程、系統、操作方法、概

念、原理、發現。」這就是說，著作權法僅保護「表達」，不保護「表達」所隱含的「觀念」。

一個「觀念」形成後，可以有不同的「表達」。例如，A教授帶領甲、乙、丙三個研究生，做出實驗成果。A教授、甲、乙、丙等四個人，每一個人都可以就他們的實驗成果寫出一篇論文。實驗成果只有一個，但是論文的結構與遣詞用句一定不同。實驗成果與四篇論文，都是學術活動，其中，實驗成果是「觀念」，四篇論文是四種個別不同的「表達」。著作權法保護四篇論文，並不保護實驗成果。這不是著作權法的缺失，而是在法律上有意的限制，目的是要鼓勵大家把「觀念」努力地「表達」出來，但又不能讓「觀念」被據為己有，形成壟斷，造成知識傳承與資訊流通的阻礙。

學術倫理的尊重與著作權的保護，是兩件不同的事。違反學術倫理不一定構成侵害著作權；侵害著作權，則一定違反學術倫理。在前面所舉的例子中，甲研究生的論文，是他自己的「表達」，可以享有著作權。如果他在論文中沒有註明，是依據A教授所指導的實驗成果而來，這是違反學術倫理，但沒有侵害A教授的著作權；反之，如果A教授沒有經過甲研究生的同意，將甲研究生的論文，掛名A教授自己的名字發表，或是以甲研究生及A教授為共同著作人，這不但違反學術倫理，還會侵害甲研究生的著作權。

著作權法允許出錢請人創作後，約定由出錢的人為著作人，所以獨立工作室受聘製作的廣告文宣，都掛上業主的名稱；著作權法也允許公司與員工約定，職務上的作品都是以公司為著作人，所以員工的文案設計也是以公司名義公開，不見員工的姓名。教授與學生的關係，不是獨立外包，也不是內部

僱用，從學術倫理方面說，學生應該在論文中註明指導教授的辛勞，以示尊重；從著作權保護方面說，沒有親自參與執筆的教授，就是不可以強要求在學生的論文上，掛名爲著作人或共同著作人，如此一來，就不會發生一位主任級的教授，一年會發表十數篇或數十篇論文的離譜窘境。

單元31

天下文章一大抄，不必然違法，可能失格

2007年，知名女作家新書的一篇文章，被指控抄襲網路新聞臺的內容。同一時間，舉辦數十年的媒體文學獎新詩首獎作品，也被認定是抄襲自他人二年前部落格上的內容。對於這些情形，有人說，「天下文章一大抄」，不必大驚小怪，也有人說，連續相同超過七個字就算抄襲，更有人說，部落格上的文章，要有創意才能享有著作權。我們得分清楚，這些說法其實是應該適用於不同的領域，否則就容易混淆是非，引喻失義。

釐清「天下文章一大抄」

「天下文章一大抄」是中國傳統上對於文字創作的一種說法，這句話有一點俏皮，卻不一定帶有褒貶的意思，它只是很客觀地指出，所有的創作者，或多或少都是傳承自前人們的智慧，或是受到當代的影響，不是完全出自於自己天生的智慧與思慮，這和西方的說法，「站在巨人肩上的侏儒，比巨人看得更遠」（A dwarf on a giant's shoulders sees the farther of the two），有異曲同工之妙。從而，若是因此將抄襲視為創作過程的當然之理，就會有所偏失。

至於說「連續相同超過七個字就算抄襲」，也不是什麼法律上的明文規定，而是在美國學術界上的慣例，國內也普遍接

受這樣的說法。學術論文的寫作，應該非常嚴謹，不要說文字相同，即使是觀念上的援引，若沒有註明來源，都算是抄襲或剽竊的行為。所有的美國大學生，入學的第一件事情，就很清楚地被教導，應嚴格遵守這項學術倫理的基本規則，違反者將受到最嚴厲的處罰。國內的學生在這方面，並沒有受到嚴格的要求，很多的教授，自己也不一定貫徹這項規則，這還需要各界共同努力，建立嚴謹的標準。

部落格上的文章，是不是要有創意，才能享有著作權？這要依著作權法的相關規定來認定。著作權法對於著作的保護門檻很低，只要是自己獨立創作完成的，不必審查，不必登記，就受保護。不像專利法對於發明須有「新穎性」的要求，著作權的取得並不必達到「前無古人」的創見，只要著作人有投入自己的智慧，用自己的文字做「表達」，就可以享有著作權，不問他是否發表，更不會因為是在部落格上發表，就不受保護。正因為如此，著作權法第10條之1才規定，依該法保護的著作權，僅保護「表達」，不保護「表達」所隱含的「觀念」，一方面讓著作權的保護門檻不能太高，另一方面則限縮其保護範圍。

當一個教授在課堂上，向數十名學生談到他近日在學術上所得出的創見，學生們據此「觀念」，各自寫了論文，他們所寫的每一篇論文內容，都是就教授所提出的同一個「觀念」之不同「表達」，是各自獨立的著作，分別受到著作權法的保護，甲同學不能任意重製或改作乙同學的論文，教授也不可以主張同學們對於他的「觀念」之不同「表達」，侵害他的著作權。也就是說，教授對於他的「觀念」，沒有壟斷的專有權利，然而，若學生的論文沒有註明是源自教授的「觀念」，就

會構成違反學術倫理。由此也可以看出，學術倫理的要求標準，要高於著作權法的保護標準。違反學術倫理，未必構成侵害著作權，但侵害著作權者，應該都已違反學術倫理。

認識抄襲與著作權

至於所謂的「抄襲」，是學術倫理上或一般性的用語，著作權法中並無「抄襲」一詞，只有全部或部分的「重製」及「改作」。一字不漏地抄錄，固然是「重製」，更改幾個字，也是「重製」；「改作」則「指以翻譯、編曲、改寫、拍攝影片或其他方法就原著作另為創作。」不同著作間是否有「重製」或「改作」之情形，均屬於事實認定問題，須由雙方舉證證明哪一人完成在前，其間有無相同或相似之處，有無「重製」或「改作」之事實等，如果無法釐清，只能訴諸法院決定。不過，「重製」或「改作」他人著作，也不一定就構成侵害著作權，例如，「為報導、評論、教學、研究或其他正當目的之必要」，著作權法第52條就允許在合理範圍內，註明出處，引用已公開發表之著作。

著作權法中並沒有區分「學術論著」或「一般論著」，而給予不同的保護。由於著作權法以低度的門檻保護「表達」，故其並不保護「表達」所隱含的「觀念」，任何人看過或聽過一些「觀念」、想法或事實，再以自己的文字加以「表達」，並不會構成侵害著作權，但這些源自前人「觀念」的「表達」，有無註明出處，如何加以評價，則是交由學術、文學或市場價值去評斷。

陸游的詩曾說過：「文章本天成，妙手偶得之。」然而，實際的創作歷程，絕對難脫前人知識與經驗的累積及傳承，並

受當代思想的交互影響，不是天生形成的。著作權法設定了低度的門檻，以保護個別作者的「表達」，惟其並不允許對於「觀念」的壟斷，至於學術領域，自有其嚴謹的專業倫理要求，文學領域則以創意發想為重要的評斷基礎，弄清楚這當中的差異，就很容易區別著作權法保護的範圍及學術與文學的要求與價值。

單元32

有聲書的著作權議題

從2007年10月10日開始，在為期五天的德國法蘭克福書展上，一項針對全球出版專業人士的調查顯示，大家都預期，紙本書在五十年內還會與我們同在，倒是隨著網路書店崛起，大街上的書店是不是還能繼續存在就不一定了。此外，電子書雖然未必能完全取代紙本，至少未來一定會是一種重要的出版媒體，在這次書展中，電子書產品就成長了10%。

有聲書闖出一片天

在臺灣，2006年博客來網路書店年終排行榜上，廣播人趙少康和作家王文華合作推出的「不敗地球人必修12學分」有聲書，在有聲出版類中，居然擊敗了當紅歌手周杰倫專輯，名列第一。這套有聲書共六張CD，售價399元，光是在網路博客來書店，就賣出近3萬套，為飛碟電臺賺進了千萬的收入。有聲書的發展，自有其一定的市場，和紙本的行銷市場各有區隔，所以能獨立闖出一片天。

在以前，書都是用眼睛閱讀的。然而，隨著儲存媒體技術的發展，文字被轉換成小小的數位檔案，成為電子書，除了存在光碟中，透過電腦螢幕瀏覽，更已進步到轉換為聲音檔案，成為有聲書，透過網路在電腦上，或是轉存於隨身攜帶的MP3來收聽。而這項進步，一般人也受益，可以一邊開車、運動、

做家事，一邊吸收新知，甚至連盲人接觸資訊的障礙，也一併被破除了。

有聲書有一些特性。首先，要定位於娛樂與學習之間，輕鬆地獲得新知；其次，內容不能太深，要一聽就懂，不待反覆思考，沒有時間像閱讀一樣，可以停佇或翻到前頁；第三，主題要與生活有關，才不會覺得煩冗，喪失興趣；最後，時間不能太長，十五分鐘一個單元也許最適當，消費者聽完一個單元，可以視身邊的狀況，決定是否繼續下一個單元。

從著作權看有聲書

從著作權法的規定來看，把文字印成書是重製的行為，轉換成有聲書也是重製的行為，只是重製後儲存的媒體不同而已。有聲書存在光碟片，或存在隨身碟，進入市場銷售，是散布的行為；有聲書若是透過廣播電臺或電視電臺播出，是公開播送的行為；有聲書若是以網路進行檔案傳輸，不管是僅提供收聽，還是能進一步被下載，都算是公開傳輸的行為。這些重製、散布、公開播送及公開傳輸的行為，都屬於著作財產權人的權利，應經過同意才可以。

著作權人把文字轉換成有聲書，不管是以光碟還是網路行銷，都可以用科技保護措施把它鎖碼，沒有付費取得授權碼，不能收聽，藉此來保障自己的權利。著作權法為了要保護著作權人的權利，維護高科技產品所帶來的新行銷管道，特別規定，任何人若是非法破解這些鎖碼技術，會構成違反關於防盜拷措施的規定，應負民事賠償責任；若是製造、輸入或提供破解防盜拷措施的機器、設備、技術、資訊或服務，除了民事賠償責任，還會有一年以下有期徒刑及25萬元以下罰金的刑事

責任。

　　除了一般商業性的有聲書行銷，著作權法為使身心障礙者也有機會接觸資訊，特別在第53條允許經依法立案的非營利機構或團體，可以將市面上發行的書，製作成有聲書，專供身心障礙者使用。這種不需要著作權人授權就可以逕行錄製的合理使用（fair use）。過去科技不發達時，必須靠公益團體的義工，將書本逐字唸過，錄成錄音帶，供身心障礙者使用，耗時費工，緩不濟急。如今，有聲書的市場成熟，商業機制蓬勃，娛樂性的有聲書對於身心障礙者已較過去容易接觸，至於學術性或專業性的著作，因為沒有市場性，還需要借助合理使用的規定來為身心障礙者錄製，但是仍應限於僅供身心障礙者使用，否則就會構成侵害著作權。

　　有聲書技術的普及，讓娛樂與學習隨處可行，新的資訊行銷管道為著作權人增加更多的收入，造福更多的人，身心障礙者也因此受益，但其中所涉及的著作權規定，不可不知。

單元33

堅持賣整本書會違反公平交易法？

是否能想像，出版社堅持讀者一定要買整本書，不願把書的內容拆成一章、一節來賣，將會被認定是「搭售」的行為，構成違反公平交易法？

違反公平交易法的生活思考

如同家裡的有線電視，第四臺一個月要收費600元，一定要給民眾近百個頻道，但作為一個消費者，能不能要求只付50元，欣賞一個新聞臺、一個自然動物臺、一個電影臺及一個體育臺，一共四個頻道就好了，其他都不要？若第四臺業者拒絕，算不算是「搭售」的行為，是否構成違反公平交易法？

再如同買一片CD要300元、400元，但一片CD裡15首歌，只有一首是我喜歡的。是否可要求只要買那一首歌，付20元就好了？如果唱片業者拒絕，一定要賣整片CD，這算不算是「搭售」的行為，構成違反公平交易法？

在過去，第四臺業者可以說，技術上做不到依頻道計費，唱片業者也可說單曲出售不符社會或產業經濟效益，所以沒有人會認為業者有「搭售」的嫌疑，更不會有人質疑這些經營模式構成違反公平交易法。可是，當機上盒技術成熟，網路音樂MP3檔案快速流通，看多少付多少或下載多少付多少成為普遍的可能時，消費者會如何看待業者的繼續堅持呢？

　　出版社可以說，一定要買整本書，從頭看到尾，才是對作者創作的尊重。但讀者可不可以要求只要買其中的幾頁，不想整本購買？書或雜誌一般不是活頁的，不能挑其中特定幾頁買下，或是從當中撕下來買走。如果是用影印的方式，或是直接從檔案中以print on demand方式列印特定章節，讀者印多少就付多少，理論上是沒有什麼不行。

　　不管是有線電視、CD唱片，還是書籍、雜誌，我們必須思考的是，產業經營模式到底應該由誰決定？是產業界？還是消費者？如果有一方堅持要用他們認為恰當的方式，最後該如何解決？或者說，會如何解決？

著作權新思維新省思

　　影印書籍或期刊、雜誌，在校園裡很普遍，不是只有臺灣，全世界的大學校園都在影印，只有合法與非法的區別。學生為何要影印？想省錢是主要原因，所以造成盜版泛濫。另外還有很多時候，是一時買不到書，或是書已絕版，或是只需要其中部分章節。在資訊豐富的時代，一門課使用一本書，從頭上到尾，似乎不夠充實。很多教授是指定好幾本書的特定章節，作為閱讀資料。學生不太可能把書都買齊，影印是最適當的做法。這種全班以影印替代購買書籍的情形，絕大部分通不過著作權法合理使用（fair use）標準的檢測，應該是要付費取得授權的，在美國就是透過集體收費團體Copyright Clearance Center來收費，並分配給著作權人，但是目前國內並沒有提供這些管道。

　　盜版是不值得鼓勵的，著作權法也定有民、刑事責任。不過，讓著作被方便、合理又合法地使用，著作權人又能取得適

當的報酬，才是著作權法真正的目的。在取締盜版的同時，更應該建立合法影印的機制，成為「生活中自然的制度」，讓影印有一條合法的出路，才是可長可久的做法。

非法影印如同行人闖紅燈，充滿對於人性的考驗，所以要透過「生活中自然的制度」來因應。交通安全教育，讓行人知道不該闖紅燈，但仍然不夠。當行人都坐捷運，或透過行人專用穿越道的適當設計，減少過馬路的機會，就可以大幅降低闖紅燈的機會。同理，當學校與著作權人團體建立合法的影印授權機制，課堂上所有影印本都透過集體收費機制吸收，個別非法影印就會成為不方便，又容易被視為異端的負擔。

出版商沒有意願建立各別章節的合法授權影印市場，有其原因。整本販售比較單純，影印本的行政與管理成本可能較為繁複；此外，出版商可能只有出版與進口書籍販售的權利，沒有授權影印的權利；各別章節合法授權影印，可能造成整本販售市場的下滑；出版商利益與著作權人利益必須重新談判、分配；著作權集體管理團體法制上的缺失，不利集體收費與分配等，都是原因。

弄清楚產業隨著科技發展，在經營模式上已發生的演進，市場需求的轉變，法律上重新定位之可能，以及制度面上應該克服的困難，我們更可以相信，建立方便、合理、合法的授權機制，成為「生活中自然的制度」，將是著作權人與利用人雙贏的唯一出路。

當出版社堅持讀者要買整本書，不願把書的內容拆成一章、一節地授權影印，也許不會有人去控訴這是「搭售」的行為，說它構成違反公平交易法。不過，觀察唱片業者面對網路MP3音樂檔案非法流竄，終究要在整片CD販售市場之外，提

供合法付費的單曲MP3音樂檔案下載服務。因此可以預期，終有一天，各別章節影印授權的市場，會大大地超過整本書籍或雜誌的銷售市場。在這一天來到之前，如同在速食店的享用，套餐與單點之間，消費者其實只是要一個合理的選擇機會而已。

單元34

快樂分享，創用CC

　　辛苦的創作，如果可以廣爲流傳，與大家分享，進而相互討論、激盪，應該是一件十分快樂的事。據估計，網路上每天約有6萬個部落格誕生，正是這種心情推波助瀾下的結果。

　　經營部落格，常常需要使用別人的作品，例如播放背景音樂、以圖案或照片增添美感、轉貼文章或照片作爲分享或評論之用。著作權法雖然規定有不必獲得授權的合理使用（fair use）空間，但在網路上的利用，由於接觸面很廣，通常都已超越合理使用的範圍，必須獲得授權，但通常不容易與創作者取得聯絡。相對地，一旦自己的創作完成，放在部落格上，要如何讓大家放心地廣爲使用，又不會過度影響自己的權利，也頗令人費心。

　　由中央研究院資訊科學研究所自2003年秋季開始所主導的「創用CC」（Creative Commons）制度，正好可以解決這一難題。有別於一般在作品上標示「版權所有，翻印必究」、「有著作權，侵害必究」或「all rights reserved」，不允許他人任意利用著作，在「創用CC」制度下，創作者可以依據自己的意願，在作品上做不同的標示，允許大家在標示原作者的前提下，進行「非商業性」或「商業性」之可改作或「禁止改作」的利用，這是一種保留部分權利，同時又開放部分權利與他人分享的「some rights reserved」制度。

「創用CC」源自於2001年美國一批提倡網路資源共享的熱心人士所推動，目前在世界各地被廣泛地推廣，這一制度並不是反商、反著作權、反Microsoft或反好萊塢，而是在現行的著作權保護制度下，提供另一種想法，讓願意與他人分享的作者，有機會讓他人利用他的著作，進一步創作，而不是處處須要洽談授權，造成文化、思想停滯。

創作者完成創作，依著作權法享有著作權，其他人要使用這一創作，當然要標示原創作者的姓名，甚至創作者可透過「創用CC」制度所設計的標示，選擇要求其他人只能進行「非商業性」利用，也可允許他人做「商業性」利用。此外，還可進一步區別以「改作」或「禁止改作」的利用。這樣，任何人從這些註記，就知道該如何利用此創作，除非有其他特別利用情形，否則，不必一一再來請求授權，對雙方而言都極為方便，更不會因為不知著作人何在，限制著作的利用。

目前使用「創用CC」制度的標示，多以政府部門的作品為主，國內較少見私人使用。這可能是擔心，一旦做了允許在標示原作者的前提下，進行「非商業性」「禁止改作」的利用之後，會影響其他授權的可能。其實，由於「創用CC」制度並不否認著作權制度的存在，即使做了任何標示，還是可以再做其他自由的授權，包括商業性的改作或直接發行。「創用CC」制度一方面允許他人在自己授權範圍內利用著作，另一方面又不排除雙方再做其他協議的利用授權，所以才說這是一種「some rights reserved」的制度。

若原創者在他的創作上，標示可以進行「商業性」「改作」，使用者依此標示利用後，完成了另一個獨立的創作，可以依自己的意願，另做其他「創用CC」的標示，但不能影響

原創者的標示效果。

「創用CC」制度提供創作者自我推銷的機制，而著作權法也仍給予適當的保護。由於「數位權利管理」（digital rights management, DRM）技術，在著作上設置科技保護措施，限制著作的接觸、列印與複製，削弱資訊的可互通性，且使合理使用的機會也被剝奪，「創用CC」制度傾向以「數位權利表述」（digital rights expression, DRE）代替DRM，相對地，這種標示或表述仍受著作權法所定「權利管理電子資訊」的保護，任何人任意竄改創作人的標示，或明知這些標示已遭竄改，而仍加以散播，還是要負法律上的民、刑事責任，創作者不必擔心保護不足，利用人也不可掉以輕心。

單元35

報童失業之後

　　「報紙」，顧名思義，就是「報給你知的紙」。讀者花10元買份報紙，到底是買到「報」，還是買到「紙」？光是那厚厚一疊的「紙」，成本絕不只10元，至於「報」的部分，其實是企業主透過刊登廣告的費用，幫我們付了。也難怪報紙要分「全國版」、「地方版」、「市版」、「縣版」，還有「A版」及「B版」，一切都是報社為了廣告分區，以增加收入。曾幾何時，報社付給記者、編輯、印刷廠及報童的成本，早就不是靠賣報紙的收入來支應，而是靠廣告收入。

　　網路發展後，報社必須調整經營模式，才能存活。起初，報社面對的問題是，報紙要不要有電子版？再來，電子版要不要收費？到了最後，終於必須決定，還要不要印報紙？報社經營要以存活為優先，才能顧及傳播理念或賺錢。

紐約時報平面電子化的改變

　　1851年創刊的紐約時報，在1996年邁入線上電子版時代，起初是免費的，2005年開始嘗試線上收費瀏覽服務，訂戶以49.95美元的年費或7.95美元的月費，可以透過網路瀏覽專屬專欄並使用資料庫。

　　然而，到了2007年，紐約時報改採免費開放機制，因為從訂戶端所創造的收入，遠遠不及網頁廣告收入，而付費閱覽

機制限制非訂戶不能點閱資料庫內容，反而阻礙了網頁廣告收入的提升。非訂戶雖然不能點閱資料庫裡的網頁，但透過Google與Yahoo的搜尋引擎，還是可以輾轉找到網路上相同的資訊，徒增Google與Yahoo的廣告收入。與其如此，不如採免費開放機制，讓Google與Yahoo將所有網路使用者引導到紐約時報資料庫來，以免費的吸引力，增加可觀點閱率及隨之而來的廣告收入。

2009年紐約時報的情況更差，開始賣樓以彌補虧損，再向買主租回大樓使用，除了精簡人力，也開始思考要不要繼續發行紙本？事實上，1863年創刊，平日發行量11萬8,000份的西雅圖郵訊報（*Seattle Post-Intelligencer*）已自2009年3月18日開始轉型為電子報，不再發行紙本。剛歡慶成立百年的基督教科學箴言報，也自2009年4月起停止平面印刷報紙的發行，僅在網路上發行。

紙本與電子檔是不同的介面，電子檔沒有取代紙本的必然性。實體的圖書出版業只會因網路電子書的蓬勃而互有消長，不會完全消失。但報紙與一般圖書出版品不同，報紙的生命是短暫的，每日印刷與運送的成本則是高昂的。報社要生存，就應力求降低或完全免除印刷與運送成本，並擴大報紙內容每天的接觸面，更要延續日後繼續利用的價值。從而，停止紙本發行，全力發展電子版及資料庫，就成為報社經營主要思考方向。

報紙的印刷與運送是報社營運的主要支出，轉型為網路電子報及資料庫後，讓報社立即卸下沉重的經營成本。全球無國界、無時間限制的網路點閱率，絕對是高於當日地區內的紙本發行量。

以免費瀏覽的網路電子報及資料庫完全取代紙本發行，將使廣告成為報社收入的唯一來源。配合電子報內容，置入適當的關聯性廣告，一方面使廣告的來源更寬廣多元，另一方面也使廣告的效度大幅提高。依點閱率計算廣告費，進一步以廣告所訴求之商品或服務交易結果分配利潤，更能建立公平合理的利益分配機制。

如果以上的環境成熟了，著作權的議題如何處理？

報業平面電子化的著作權因應之道

如果撰稿或攝影記者是報社領薪水的員工，所有職務上完成的文稿，依著作權法第11條規定，記者雖是著作人，卻是以報社為著作財產權人，記者不能再主張任何經濟上權利，至於報社發給記者獨家新聞或是表現卓越獎金，則是著作權法以外的獎勵。

報社員工以外的自由撰稿人或投稿者，會面臨較大的衝擊。著作權法第41條規定：「著作財產權人投稿於新聞紙、雜誌或授權公開播送著作者，除另有約定外，推定僅授與刊載或公開播送一次之權利，對著作財產權人之其他權利不生影響。」過去，報社支付稿費後，僅能刊載一次。後來，報社透過另外簽署的授權書，取得對稿件後續的利用。這項約定在網路電子報及資料庫時代，對於投稿者將產生極度的不公平。

紙本時期的稿件，其價值集中在首次刊登，後續利用的利潤不是很大，投稿者領稿費並同意報社免費做後續利用，利益損失不大。網路電子報及資料庫時代，稿件後續無限期利用所產生的價值，已遠高於首次刊登，投稿者若仍僅領取相對低廉的首刊稿費，對報社後續利用所獲得更多的收益沒有得到分

配，並不公平。如果報社可以藉由點閱率與廣告商分配利潤，就沒有理由不與作者做同樣的分享，這是報社與作者必須重新思考的議題。

第 ⑦ 篇
著作權賞味期篇

單元36 著作權保護期間應該要多長？（上）

單元37 著作權保護期間應該要多長？（下）

單元38 利用公共所有的著作還要取得授權？

單元39 製版權——古籍新生的保護

單元40 原住民族傳統智慧創作如何保護？

單元41 美食的著作權保護

單元36

著作權保護期間應該要多長？（上）

　為什麼會有著作權法？

　　在有著作權法制以前，智慧創作是自由流通，由人類所共享，無法據為私有而被壟斷。後來，因為科技發達，智慧創作可以透過印刷、廣播、電視、錄音、錄影，獲得巨大經濟利益，有時更會超越一般財產的價值，所以才建立智慧財產權法制，讓無形的智慧創作，也如一般的有形財產，受到法律的保障。

　著作權的期間有多長？

　　著作權法保護著作人的創作，讓著作人自著作完成時起，不必登記或註冊，就自動享有著作權，包括著作人格權與著作財產權。

　　著作人格權又可再細分為「公開發表權」、「姓名表示權」以及「禁止不當修改權」，這種專屬於著作人的權利，與著作人有密切連繫因素，也與公眾對於著作的認知有關，並沒有期間的限制，但不可以讓與或繼承。

　　至於著作財產權，依不同的著作類別，分別享有重製權、公開口述權、公開播送權、公開上映權、公開演出權、公開傳輸權、公開展示權、改作權與編輯權、散布權及出租權，又著作財產權人對於未經其同意而輸入著作原件或重製物者，亦得

主張著作財產權被侵害。由於著作財產權是以經濟利益為重心，故可以讓與或授權。

　　關於著作財產權的保護期間，在1886年通過的保護文學與藝術創作人之伯恩公約（*Berne Convention*）於1971年巴黎修正案中，是採著作人終身加五十年，或是著作公開發表後五十年，而世界貿易組織「與貿易有關之智慧財產權協定」（*Agreement on Trade-Related Aspects of Intellectual Property Rights*, TRIPS）則要求各會員體要以伯恩公約的標準，保護其他會員體國民的著作。這是法律在著作人私利與社會公益間所達成的均衡與妥協，我國著作權法亦採此標準。

為何要延長著作財產權保護期間？

　　從著作權法制的發展歷史上觀察，著作財產權的保護期間總是不斷地延長，主要的原因是人類的壽命因科技與醫學進步而延長。著作權保護期間的設計，原本就在考量著作人及利用人的壽命，一方面是要讓著作人本身對於自己的創作，能夠獲得經濟上的好處，而這一好處也可以澤被後代；相對地，利用人利用著作的機會，也與其壽命的長短有關，活得越長，利用著作的機會也越多。理論上，既然著作人及利用人的壽命越來越長，著作權保護期間自然也應該不斷延長。不過，這樣的原則是不是毫無懷疑地奉行，近來也引發不同的爭議。

誰希望延長著作財產權保護期間？

　　全球192個國家中，約有70個國家（主要是包括歐盟與美國等已開發國家）已採著作人終身加七十年，或是著作公開發表後七十年。歐盟透過著作權法的較短保護期間條款，對保護

期間較短國家的國民，不適用歐盟較長的保護規定，美國則是以自由貿易協定（FTA），軟中帶硬地促使各國修法延長著作財產權保護期間。它們最終的目的，是希望藉由增加延長保護期間國家的數目，形成國際共識，以便在國際著作權公約中明文延長，再要求尚未達到該標準的國家全力以赴，修正國內法以符合國際標準，未依循者甚至會衍生必須承擔違反國際公約的貿易報復壓力。

會要求延長著作財產權保護期間者，一定是著作財產權人，但他們通常不是著作人，而是從著作人那裡取得著作財產權的著作權產業經營者，例如電影發行公司、唱片發行業者、軟體公司，或是出版社。他們對於人類接觸創作這件事，確實有極大的貢獻。沒有他們的精心策劃，很多作品不能產生，無法被有效行銷，不過他們也因此賺了很多錢，多到足以成為國會或國際著作權組織最有力的遊說團體，通過對他們更有利的著作權法或國際著作權公約。

著作財產權期間的計算，主要是以著作人的生命作為標準，這說明了著作權法應以著作人為中心，不是以著作權產業為中心，產業可以用產業經營的方式去保護，不必然要套用保護著作人權益的著作權法。

單元37

著作權保護期間應該要多長？（下）

 著作權法的終極目的是什麼？

著作權法的真正目的不是為了要保護著作人，而是要讓大家能接觸到很多很好的創作。雖然保護著作人的權益，是著作權法很重要的手段，但如果這項手段的效果，超越了「讓大家可以接觸到很多很好的創作」之終極目的，就必須要做適當的調整。

 著作財產權保護期間的經濟效益？

若著作權法對於著作財產權的保護期間，是要在著作人的私利與社會的公益間，取得均衡與妥協，不分著作類別與性質，一律以著作人終身加五十年的保護期間可能太長。在創作保護主義之下，創作是一件很容易的事，只是有經濟或文化價值的創作還是居極少部分，五十年前的創作，目前還被以著作權商品流傳的，真的不多。相較而言，世界上有哪一種行業，只要努力一下，就可以保證終身加五十年的收益？

現行的著作財產權保護期間，涉及著作人與著作權產業的既有利益，不可能加以縮短，這也意味著，要不要延長著作財產權保護期間，要經過深思熟慮，否則覆水難收，一旦修正法律延長後，不能再回頭加以縮短。不過，對仍在法律保護期間，但是找不到著作權人，或因為經濟效益低，著作權人已

完全不想處理，卻仍具有文化或其他利用價值的創作，即所謂「孤兒著作」（orphan works），如何讓這些為數龐大的創作，可以被合法地接觸與利用，是各國要努力解決的議題。

延長著作財產權保護期間應有配套規定

如果延長著作財產權保護期間是無法抵擋的趨勢，著作權法應該要有一些配套規定。首先，是不是無條件地對所有著作延長？是只適用於修法後完成的著作？還是及於已經完成的著作？「孤兒著作」要不要延長？具快速淘汰性質的電腦程式著作也要延長？要不要讓著作人承擔一些義務，必須做某些動作，才給予延長？例如做通知或標示，以示有意獲得延長之利益，才加以延長保護。雖然，伯恩公約（*Berne Convention*）第5條第2項規定，對於著作權的享有與行使，不可以要求履行一定的形式要件，但此一原則除了適用於初始取得著作權外，能不能擴及延長增加的著作財產權保護期間，並非不可討論。

既然延長的期間是以著作人生存日期為計算的標準，則延長的保護期間是要歸著作人或其繼承人，還是可以讓從著作人身上取得著作財產權的著作權產業獲得利益？在一般財產如房地產，買賣以後的價值增減，全由接手的權利人承擔，與前手無任何關聯。但創作就像著作人的子女，彼此有密不可分的連繫關係，不能與房地產等同視之。美國著作權法第203條就規定，在法律延長保護期間後，著作人或其繼承人在一定期間內，對於原本受讓著作財產權或取得授權之人，享有終止契約的權利，讓著作人或其繼承人對於延長保護期間的利益，有機會討價還價，可以分得一杯羹。如果著作人或其繼承人不主動

行使終止權（termination right），延長保護的利益就全歸現有的著作財產權人享有，法律不介入。

結語

延長著作財產權保護期間，不僅是一個經濟議題，更是文化與歷史的議題，著作權法一旦決定延長，就不可能再縮短回來。既然如此，反覆地討論，以獲得最後共識，可能是最妥適的解決之道。這個議題可以讓我們重新審視，設定著作財產權保護期間的真正目的是什麼，如果延長著作財產權保護期間，在現實上是無法抵擋的趨勢，則相關的配套是什麼，可能是更重要的議題。

單元38

利用公共所有的著作還要取得授權？

　　將萊特兄弟的飛機圖像做成明信片銷售，要不要經過史密森博物館的授權？將王羲之的「快雪時晴帖」做成電腦桌布，要不要經過故宮的同意？這問題在國內外，都引起關切。

著作權vs.公共財

　　萊特兄弟於1903年12月17日，在大西洋邊的城鎮——Kitty Hawk的海灘上，駕駛「飛行者1號」飛機，完成了史上首次由飛行員操控、自行起飛且續航數十公尺的飛行創舉。很可惜，「飛行者1號」在首航成功當天就已嚴重損毀。還好，「飛行者1號」的圖像被完整地保存在美國首府華聖頓的史密森博物館。不過，史密森博物館主張，他們對於「飛行者1號」的圖像享有著作權，民眾必須透過博物館網站上的數位資料庫，支付若干費用後，才能取得複製本，公開使用時還要註明是由史密森博物館授權，而且不能做營利使用。大多數民眾也都相信，必須依規定使用，否則會構成侵害著作權。

　　創作者完成創作後，著作權法賦予一定的保護期間，時間一過，就屬於「公共所有」（public domain），任何人就應該能自由利用這些公共財，史密森博物館怎麼能說它享有萊特兄弟飛機圖像的著作權？

　　美國非營利組織Public.Resource.Org對此憤憤不平，決定

挑戰史密森博物館的主張。不過，他們覺得訴諸法律的挑戰曠日費時，改以最有效率的方法，直接下載博物館全部共6,288張照片後，轉貼到免費照片分享網站flickr.com，讓大家自由取用。

史密森博物館可以要求民眾付費，才能得到萊特兄弟飛機圖像的複製本，也可以要求使用的時候要註明是經該館授權的，但它的依據不是著作權，而是一般的契約。因為萊特兄弟的飛機圖像只有史密森博物館才有，而且標明是直接從史密森博物館取得授權，也可以增加複製本的價值。至於一般人若從出版品上轉用萊特兄弟飛機圖像，因為利用的是公共所有的圖案，也沒有和史密森博物館有任何契約，史密森博物館就只能乾瞪眼了。

假設我的爺爺的爺爺的爺爺，代代傳下了一尊宋朝精雕的碾玉觀音，雖然這尊碾玉觀音已是年代久遠，在著作權法是屬於「公共所有」，是沒有人能主張著作權的著作，但因為全世界只有這尊稀世的碾玉觀音，我就可以要求看一次收費100元，照一次相2,000元，任何人照了相以後，相片使用若有稿酬，我還要分一半，不付錢者免談，違約的還可以依契約要求損害賠償。

認識文化資產保存法

故宮所收藏的王羲之的「快雪時晴帖」，卻有一些不同的情形。除了前述以契約約定外，依文化資產保存法第71條第1項規定：「公立文物保管機關（構）為研究、宣揚之需要，得就保管之公有古物，具名複製或監製。他人非經原保管機關（構）准許及監製，不得再複製。」這項限制，不是在使公

立文物保管機關（構）就其所保管之古物，享有任何專有之權利，而是爲確保公有古物的複製結果忠於原樣，不至於因複製者的任意改變，造成公眾對於古物產生錯誤認知。

文建會在2005年12月30日依當時的文化資產保存法第69條第2項規定，擬訂「公有古物複製及監製管理辦法」時，在筆者強烈建議下，第2條特別明定，辦法所稱的「古物之複製，指依古物原件予以原尺寸、原材質、原色、原貌再製作者」，「古物之再複製，指非依古物原件而對古物複製品再予以重複製作者」，使得非屬「原樣複製」的行爲，例如將「快雪時晴帖」做成電腦桌布、或是做成抱枕布面，都不必獲得故宮的同意。

話說回來，若是民間精品業者獲得故宮授權，將館藏的清代義大利裔畫家郎世寧畫作中的「桃花」與「飛燕」圖案，轉印於限量瓷器組，再標上故宮授權的字樣，有了故宮掛保證，比起一般業者從故宮畫冊上轉用「桃花」與「飛燕」圖案的磁器杯組，肯定價格要高出數倍，還會形成奇貨可居的搶購風潮，這當然也不是著作權的關係。

單元39

製版權──古籍新生的保護

　　著作權法賦予著作人一定的著作財產權保護期間，在這段期間內，要利用著作，就必須獲得著作財產權人的授權，過了這段期間，著作就屬於「公共所有」（public domain），大家都可以自由利用，著作財產權人無權反對。這是著作權法在保護著作人私權，以及兼顧公眾接觸資訊的公益間，所做的均衡設計，以達到促進創作意願，並有助文化與資訊流通的理想。目前的規定，在書籍及字畫方面，是以著作人終身再加上五十年為著作財產權保護期間。

何謂「製版權」？

　　古書或古字畫依現行的著作權法屬於公共所有，大家都可以自由翻印，看似有助於古書或古字畫的流通，然而在實際上，持有古書或古字畫的人，為了避免別人隨意翻印，降低珍藏的市場價值，多不願將他珍藏的古書或古字畫公諸於世，或製成複製品廣為流傳，結果大家還是沒有機會接觸到古書或古字畫的內容。

　　我國傳統文化源遠流長，有很多具有藝術、文化價值的古書或古字畫流傳下來。為了鼓勵收藏者將這些古書或古字畫公諸於世，讓大家可以接觸，著作權法第79條特別建立我國所獨有的「製版權」制度，只要珍藏者將他的古書或古字畫拿出

來整理、製版，並依「製版權登記辦法」向經濟部智慧財產局辦理登記，著作權法就賦予製版人十年的保護期間，禁止他人就他製版的版面進行翻印或複製。

「製版權」雖然規定在著作權法中，但它並不是「著作權」。「製版權」製版的對象，限於從來就不受著作權法保護的古書或古字畫，例如唐、宋、明、清時期的作品，或是曾經受著作權法保護，但著作財產權保護期間已經屆滿的近代書籍、字畫，例如齊白石（1864-1957）的字畫。由於在法制上對於本國人與外國人的權利都一視同仁，「製版權」製版的對象，也包括外國人的古書或古字畫，而外國人也可以申請「製版權」，成為製版權人，所以臺灣人可以拿西洋古畫申請「製版權」，外國人也可以將他收藏的宋版古書重新排版、印刷，申請「製版權」。

「製版權」的分類，依書籍或字畫而有所區別。

 ## 「製版權」分類有道

如是古書，「製版權」希望達到的效果，是文字內容的廣為流傳，所以要經過整理印刷的過程，包括修補闕漏、重新印製，但其方法不以重新排版為必要，其對象亦不限於手寫的真跡，古老的印刷版本亦可，例如，將宋版的李太白全集中，字體經蟲蛀或因年代久遠而模糊不清的部分重新描繪清晰，或缺頁部分重新補齊後，直接原版印刷，或是捨棄原版，重新打字排版成為新版本。由於「製版權」是以不再受著作權保護的著作為客體，沒有產生新的著作，製版權人對於文字內容沒有專有權，這一類的「製版權」，僅能禁止他人以影印、印刷或類似方式重製自己處理過的版面，並不能禁止他人利用其版面的

文字內容，重新打字排版，或就其他相同版本的古書，另行製作新版面。

　　若是古字畫，「製版權」希望達到的效果，是鼓勵收藏家拿出那些從未在市面上公開與流傳的眞跡字畫，讓公眾廣爲欣賞與流傳，故限於眞跡第一次的製版，不可以使用複製品，曾經被複製公開過的古字畫，也不得再申請「製版權」。既然是古字畫眞跡，其價值在於原樣的鑑賞，其製版方式就僅限於以影印、印刷或類似方式重製並首次發行，不會是重新排版，也不能是第二次以後的發行。古字畫的「製版權」著重在眞跡的原樣複製，雖沒有產生新的著作，但因爲是首次複製發行，屬於全球唯一版面，不會有其他同一眞跡的複製版本，製版權人應能全面地禁止他人以影印、印刷或類似方式重製該版面及眞跡。

　　「製版權」是古籍與字畫的重新利用，必須透過申請登記來確認是否符合保護資格，而其純屬經濟利益的保護，不如著作權以保護創作爲主，故保護期間也僅有自完成製版時起算十年。

　　「製版權」一方面鼓勵民眾將年代久遠，有流通價值的古籍字畫重新製版印行，與社會大眾分享，另一方面也是要保障製版人對於版面發行的經濟投資利益，它是就已不受著作權保護的古籍字畫爲製版對象，製版成果也不會產生新的著作權。隨著數位科技發展，許多古籍字畫被有創作性地選擇或編排，做成數位化資料庫，反而得以「編輯著作」受保護，不再以紙本重新製版印行方式申請「製版權」保護，這未嘗不是拜科技之賜所產生的新保護方式。

單元40

單元40

原住民族傳統智慧創作如何保護？

　　原住民族傳統智慧創作，緣自遙遠的年代，透過代代口耳相傳，復因歷代新創巧思的不斷注入、融合與演化，始終持續散發出新的智慧光芒。

　　現代智慧財產權制度要求智慧成果應有確定的表達，並以法律賦予有限的權利保護期間，而這項權利應屬於私人所專有，過了保護期限，就屬公共所有（public domain）。由於原住民族傳統智慧創作多元豐富，不斷變動演化，其表達無從固定不變，此一智慧成果是全族或部落歷代集體創作完成，原住民傳統上都認為是屬於全體族群或部落所共有，從不專屬於任何個人，亦無保護期間之限制。這些觀念完全不符合現代智慧財產權制度之基本的要件，必須另尋其他途徑保護。

　　2007年底完成立法的「原住民族傳統智慧創作保護條例」，原本為原住民族傳統智慧創作之保護帶來希望，卻又因為條例的設計與實際情形有很大落差，使得該條例的相關子法直到2015年才訂定公告，到2022年1月底止，共有81件原住民族傳統智慧創作完成登記公告，取得專用權。

　　不過，在條例真正落實以前，2009年7月間，原住民歌手張惠妹之專輯「阿密特」，收錄有其所屬卑南族之傳統古調，張惠妹所屬之大巴六九部落，在6月17日召開部落會議，同意透過部落所成立之「大巴六九文教發展協會」，將該古調授權

給發行「阿密特」之金牌大風唱片公司使用。大巴六九部落認為這是對於尊重原住民族傳統智慧創作的一個開頭，希望作為其他部落未來處理類似事件之範例。

依據「原住民族傳統智慧創作保護條例」的規定，原住民族傳統宗教祭儀、音樂、舞蹈、歌曲、雕塑、編織、圖案、服飾、民俗技藝或其他文化成果之表達等智慧創作，不專屬於任何個人，而是專屬於全體「原住民族」或「部落」。為了確定哪些傳統智慧創作可以受到保護，專屬於哪一個「原住民族」或「部落」，必須依原住民族委員會（下稱原民會）所定的辦法，選任「原住民族」或「部落」代表人，由代表人提出申請、認定及登記，才能取得智慧創作的專用權，其收入應以原住民族或部落利益為目的，設立共同基金，依原民會所定的辦法保管及運用。

打獵與入山活動，就是原住民日常生活的一部分，所以他們向來不能理解，為何打獵、入山都要依法登記。同樣地，原住民對於條例所建立的傳統智慧創作保護制度，也充滿不解。原本就屬於「原住民族」或「部落」自己該被保護的傳統智慧創作，為何一定要向政府申請，經由外人審查、認定，並獲准登記，才能被認定可以受保護，或是屬於自己的？自己的智慧創作收入，為何要由政府規定如何使用？

「原住民族傳統智慧創作保護條例」的相關制度都已建置完成，但智慧創作利用的授權，都是針對外部的人，原住民就自己所屬民族、部落或全部原住民族之智慧創作，依條例規定，可以自由使用收益，不必獲得任何人的授權。原住民可以自由製作具自己族群或部落特色的雕塑、編織或服飾，對外賣給觀光客，也可以自己灌錄傳統歌謠的CD，發行銷售。但

若是族人因此獲得很大的利潤，要不要與「原住民族」或「部落」全體分享，可能要回歸原住民族自己的內部傳統做法，不是外人所能干涉。

大巴六九部落授權金牌大風唱片公司，在張惠妹的專輯「阿密特」中，收錄卑南族的傳統古調，雖然建立了尊重原住民族傳統智慧創作的先例，但並不是依「原住民族傳統智慧創作保護條例」的落實，而是一般契約的約定。

原住民族對於傳統智慧創作的觀念，向來是恆久地共有共享。現代智慧財產權制度建立於工業革命之後，強調有限期間內的私有獨享。這兩項制度孰優孰劣沒有絕對標準，但必須彼此尊重。原住民族對於傳統智慧創作，最在乎的是文化上的尊重，嗣後才又隨著現代智慧財產權制度之發展，要求公平合理的經濟利益分配。

保護原住民族傳統智慧創作，不能純粹從現代智慧財產權制度的角度出發，制度本身的建立，就應該以原住民族傳統觀念為基礎，只有從基本的文化上尊重為起點，這兩套制度才能順暢融合，落實執行。

美食的著作權保護

　　奧斯卡影后梅莉・史翠普（Meryl Streep）在新片「美味關係」（Julie & Julia）中，化身為「美國食神」，飾演「美版傅培梅」──茱莉亞・柴爾德，大展演技與廚藝，讓人見識到美食的魅力。

　　烹煮食物很容易，但要成為烹飪高手，煮出「色、香、味」俱全的美食，就不是人人可以勝任。

　　很多人都有這樣的經驗，在一生中會有一段時間，立下大志要學好烹飪技術，至於最後是否達成理想，身邊那群被迫試吃的親朋好友，心裡應該是甜苦參半，冷暖自知。

　　經過一番努力學習與試煉，若是辛苦有成，終成名廚，除了造福親朋，就會想到如何保障自己的美食著作權。

　　原則上，美食烹飪製作方法或過程，甚至美食本身，是無法受著作權法保護的。不過，透過一點巧思安排，還是可以將美食納入著作權法的保護。

　　一般而言，美食是食用或實用物品，不是著作權法所稱的「文學、科學、藝術或其他學術範圍之創作」，無法成為「著作」，受到著作權法的保護。偶爾廚師會以食物為素材，做成雕塑或拼成圖樣，這些成果可以成為美術著作或圖形著作，受到著作權法的保護。但如同一般雕塑與繪畫，著作人僅能禁止他人未經其同意，複製他的作品，任何人不能禁止他人就同一

自然物品，另行雕塑與繪畫。所以，廚師也不能因為自己用蘿蔔雕出可愛兔子或龍鳳，就禁止他人也用蘿蔔雕出可愛兔子或龍鳳。

著作權法第10條之1規定：「依本法取得之著作權，其保護僅及於該著作之表達，而不及於其所表達之思想、程序、製程、系統、操作方法、概念、原理、發現。」著作權法保護「表達」，不保護「表達」所隱含之「觀念」或「方法」。美食製作方法或過程，只是一種「觀念」或「方法」，不是著作權法所稱的「表達」，無法受著作權法保護。但將美食製作方法或過程記錄下來，成為食譜，就有機會受到著作權法保護。

食譜不必然能受著作權法保護，主要關鍵在於食譜能不能成為「著作」。單純記錄某一道美食的素材成分與烹飪方法，例如「嫩薑8公分長、盒裝豆腐2大塊、醬油2湯匙、1匙雞粉」或「加嫩薑，放醬油，再倒2湯匙水，最後加入1匙雞粉調味」，並不能成為「著作」。若對於製作方法或過程，在食譜中加上豐富的文句敘述，展現撰寫者個人特殊情感的表達，才可以成為「著作」，受著作權法保護。如果加上拍攝的美食照片，更能顯示出其創作性。同一位名廚在同一時間所完成的一道名菜，由不同的人來觀察，獨立撰寫成具創作性的食譜，或從不同角度與布局拍攝照片，每一件食譜或照片都可以獨立受到著作權法保護，因為那都是食譜製作者或照片拍攝者個別的創作。

著作權法第7條之1第1項規定：「表演人對既有著作或民俗創作之表演，以獨立之著作保護之。」名廚對外傳授美食烹飪過程，不是「對既有著作或民俗創作之表演」，不能享有著作權，但開課教學可以收費，現場示範還可以收門票。在美

國，名廚布朗（Alton Brown）主持的美食電視節目「好吃」（*Good Eats*），在納許維爾一家飯店表演，以住宿一晚附帶觀賞烹飪表演的套裝行程，收費高達300美元，費用之高，令人咋舌。

在這些烹飪表演中，主辦單位透過契約，禁止觀眾錄製拍攝。名廚主持電視美食節目，這些美食節目的播出，讓名廚收到一筆可觀的表演費用，烹飪節目經過剪輯製作，錄製成DVD，又成為視聽著作，透過重製發行轉賣、電視上公開播送、網路上公開傳輸，撰寫內容活潑生動的食譜，都成為受著作權法保護的著作，達到名利雙收。

美國的名廚美食烹飪巡迴表演，已火紅到必須透過經紀公司安排處理，周邊的錄影帶、食譜或傳記，更為名廚帶來豐厚的收入。在Discovery餐旅生活頻道播出的「波登不設限」，主持人名廚波登（Anthony Bourdain）一年近25場的現場表演進帳，據說已超過主持電視烹飪節目及出書的收入，可見「色、香、味」俱全不僅是針對美食本身，名廚若能發揮渾身解數，精湛地表演美食烹飪技巧，讓觀眾看得「津津有味」，就能日進斗金，而透過契約的約定與著作權的保護，更能延續與擴散名廚美食烹飪的精采成果。

第 8 篇

利用篇

單元42 鐵牛運功散 —— 從當兵當不完的阿榮看著作權與肖像權

單元43 小小照片，大大學問

單元44 編製教科書的法定授權制

單元45 美術館對於館藏真跡的利用

單元46 創作與侵權的界線 —— 合理使用歐巴馬？

單元47 視障者權益之著作權議題

單元48 旅遊創作與著作權

單元49 旅遊業的經營與著作權

單元42

鐵牛運功散 —— 從當兵當不完的阿榮看著作權與肖像權

很多人都在問，那個常常收到鐵牛運功散後，打電話向阿母報平安的阿榮，到底什麼時候才要退伍？如果你知道著作權與肖像權的關係，就會知道，阿榮的兵，肯定是當不完了！

當年的阿榮，年輕不懂事，輕易地承諾，拍了鐵牛運功散的電視廣告，沒有和廣告主約定電視廣告播出的年限，所以廣告可以一播再播，已經是阿公級的阿榮，年年青春永駐，總是退不了伍。

當廣告明星要認識肖像權

阿榮對於他自己的外貌，依法享有肖像權。所謂肖像權，是民法第18條所規定的人格權的一種，是指每一個人對於自己的容貌加以使用的控制權利，始於出生，終於死亡。廣告主要拍電視廣告，要經過阿榮的同意，才能將他入鏡。以前的模特兒沒有肖像權的觀念，不會約定要如何使用他的肖像，才會使得廣告可以一播再播。現在的模特兒，有了經紀公司的專業協助，對於肖像權的授權，可是算得精呢！拍電視廣告，會要求只能在一定年限內播出，時間一到就不可以再播，這段期間同一畫面若是要在報章雜誌等平面媒體刊登，還要另外按件計酬。林志玲的收入肯定要比阿榮豐碩得多。

鐵牛運功散的廣告片是視聽著作，從片子拍完起，不必做

任何申請，就受到著作權法的保護。廣告主對於廣告片，享有
從影片發行日起算的五十年著作財產權保護期間。這段期間
內，任何人要利用廣告片，都要經過廣告主的同意。除此之
外，著作權法還提供廣告主著作人格權的保護，廣告主可以在
影片上標明自己的公司名稱，任何人都不可以任意改變廣告的
內容。這項著作人格權，更不會隨廣告主的結束營業而屆滿。

如果鐵牛運功散的廣告片不播了，阿榮可不可以自己拿來
拷貝數十份，分送親朋好友，展現一下當年的煥發英姿呢？很
抱歉，那樣是會構成侵害廣告主的著作財產權的。因為阿榮雖
然享有肖像權，但是廣告片的著作權屬於廣告主，阿榮自己要
利用，會涉及著作財產權的議題，是要經過廣告主的同意的。

公眾人物不可不知著作權

著作權與肖像權是完全不一樣的兩項權利，很多人因為弄
不清楚而發生許多紛爭，公眾人物尤其容易侵害別人的著作
權。

一般人很容易主張未經其同意，不可以利用他的肖像。電
視節目在街上任意特寫路人攝影後，沒有經過同意就在節目播
出，可能會侵害肖像權。公眾人物由於可受公評，要主張肖像
權的空間比較小，但著作財產權卻不得不注意。未同意而利用
公眾人物公開場合活動之相片，該公眾人物很難主張肖像權，
著作財產權人卻可以主張著作財產權。政治人物或明星的公開
活動相片，要加以利用應該不必獲得其同意，但要獲得攝影
者或著作財產權人的同意。即使是公眾人物自己要使用他人所
拍攝該自己的相片，雖然沒有肖像權問題，若未經攝影者的同
意，卻可能構成侵害攝影者的著作財產權。就曾經有候選人未

經攝影者同意，任意使用他人所拍攝自己很體面的相片，作為競選照片，造成侵害攝影者的著作財產權。

　　由於著作權與肖像權是完全不一樣的兩項權利，同時也常分屬不同人所有，在利用上如能先處理好授權問題，就可避免事後的紛爭。

單元43

小小照片，大大學問

2008年4月，法國第一夫人卡拉·布妮的露點裸照，在紐約佳士得拍賣場上，以高於底價20多倍的9萬1,000美元賣出，原本這筆拍賣款打算捐給在柬埔寨行醫的瑞士慈善團體做公益，但這個團體卻以他們無法接受出賣女性肉體的錢，予以婉拒。

雖然是第一夫人的露點裸照，不過，這張黑白照片其實是瑞士攝影大師米克爾·孔泰，在1993年為當時擔任模特兒的卡拉·布妮所拍攝的藝術作品。也許，我們應該好奇的是，除了滿足收藏的嗜好，買家買了這張照片，可以做什麼用途？

釐清照片各相關權利

攝影大師孔泰拍了這張照片，是照片的著作人，不過他不一定會有著作財產權，因為孔泰可能是依契約來執行掌鏡，由出錢的經紀公司或雜誌出版社等企業，取得這張照片的著作財產權。

買到這張照片的收藏家只取得照片的物權，沒有取得著作權，他不能說這張照片是他拍的，否則會侵害孔泰的著作人格權。且收藏買家也不能翻拍這張照片，或是作為自己企業出版品的內容的一部分，否則會侵害著作財產權人的權利。不過，著作權法還是允許他本於物的所有權人，可以出租或轉賣這

張照片，公開展示這張照片，甚至爲了公開展示而向參觀者說明之目的，並在導覽手冊中複製這張照片。此外，各大媒體爲了報導這次拍賣新聞，只要註明出處後，就能自由利用這張照片，著作財產權人不能主張他的權利被侵害。以上這些行爲都是著作權法限制著作財產權人的規定，相對賦予利用人合理使用（fair use）的特權。

模特兒卡拉‧布妮就算貴爲法國第一夫人，她也不能出面主張權利。她只是照片裡的模特兒，不是著作權人，不但不能禁止別人出版發行，自己要使用這張照片，還要取得著作財產權人的同意，並且要標示是孔泰的作品。她也不能以主張肖像權，來反對這張照片的發行或使用，因爲當時她同意拍攝這張照片就是要公開使用。當然，如果這張照片被作爲不當的使用，她還是有機會反對，例如被色情場所當作招攬客戶的宣傳。

在實務上，照片使用也常會發生侵權的事。新婚夫婦到婚紗攝影禮服公司拍照，依據著作權法第12條出資聘人完成著作的規定，如果沒有特別約定，照片的著作人是攝影師或婚紗攝影公司，著作財產權也是攝影師或婚紗攝影公司所享有，出資的新人僅能自己利用這些照片，不能再授權別人利用。相對地，享有著作財產權的攝影師或婚紗攝影公司，可以重製或公開展示這些新人的照片，但因爲新人享有肖像權，如果沒有獲得他們的同意，攝影師或婚紗攝影公司不可以任意將這些照片放在櫥窗展示，或是做成專輯或樣本，給其他新人參考或欣賞。

很多公眾人物接受訪問後，會提供自己滿意的照片給出版單位，作爲專訪內容出刊的一部分。如果不是受訪者享有著作

財產權或有權授權別人使用的照片，出版單位不察而逕予使用，就可能侵害攝影者的著作財產權。很多政治人物在競選文宣中，使用別人所拍攝自己的照片，造成侵害著作財產權，還真是屢見不鮮。

募集老照片　也要懂著作權

老照片徵集活動，也會有著作權的議題。照片的著作財產權保護期間是公開發表後五十年，如果一直沒有公開發表，則僅保護自拍攝完成起五十年。所以，如果可以確認已經公開發表後五十年，例如日據時代的照片，或是發行已超過五十年的刊物上的照片，應該都已是公共所有（public domain），任何人都可以自由利用，但還是要註明出處，以示尊重著作人格權。如果出處不明就可以不註明。至於註明照片提供者，或是註明照片目前收藏機構，則是基於學術倫理或是禮貌之考量，與著作權保護無關。

老照片如果還在著作財產權保護期間，但不知道誰是著作財產權人，或雖然知道誰是著作財產權人卻找不到人授權，這種「孤兒著作」（orphan works），除了為新聞報導、學術研究等，可以不必獲得授權，逕行合理使用之外，在一般利用的洽談授權上確實非常困難。美國近年正在研擬對於沒有註明著作人是誰的「孤兒著作」，考慮立法允許利用人只要能證明經過適當努力，找不到著作權人授權，就可以向政府申請，提撥一定金額後，逕行利用。這項提議遭到攝影師團體強烈地反對，他們認為，和其他著作不同，絕大部分的攝影師不會在照片上註明他是權利人，草案的立法會讓所有的照片成為「孤兒著作」，對攝影師並不公平。

　　一張照片對於一個事件的陳述，要比一篇文章來得更直接、有力，但對於照片的利用，牽涉的議題很廣。得到一張照片，因為是別人的著作，不一定能自由利用；別人拍到自己的照片，自己沒有著作權，要獲得授權才能利用；自己拍的照片，若涉及別人的肖像權，還是要獲得被拍照者的同意，才能公開利用。這一切的利用行為，真的必須要非常慎重。

單元44

編製教科書的法定授權制

　　利用他人受保護的著作，應該要獲得授權。若是在編製教科書時，想要利用一篇經典的文章、一首優雅的歌曲，或是一張珍貴的圖片，但著作權人不願意授權，或是找不到著作權人洽談授權，是不是就只好放棄呢？

「法定授權制」明定編製教科用書權責

　　為了解決這項困難，著作權法第47條建立了法定授權制，使得任何人要編製教科用書，在合理範圍內，可以重製、改作或編輯他人已公開發表的著作，不必經過著作財產權人的授權，而這些教科書的編製者，若進一步要編製附隨於這些教科用書，而且專供教師教學用的輔助用品，也可以同樣地利用。相對地，為了尊重著作財產權人，並彌補著作財產權人的損失，條文也要求編製者要將利用情形通知著作財產權人，並應依經濟部所定的費率，支付使用報酬給著作財產權人。

　　法定授權制所指的「教科用書」，有非常嚴格的範圍，限於高級中等以下學校所使用，且屬經教育部審定，或各教育主管機關自己所編訂的教科書，但並不包括各級學校自己編訂的教材、書商編製的參考書，或是專科以上學校所使用的教授指定用書。

　　在法定授權制所允許為編製教科書所利用的著作，僅限於

「已公開發表之著作」，不包括沒有被公開發表的著作，這是為了尊重著作人選擇不公開發表他的著作的決定，而利用人在利用時，依規定也要註明出處，這也是為表示尊重著作人格權。

雖然是法定授權制，編製教科用書的利用還是必須「在合理範圍內」，不能任意為之，例如，使用一篇英文短文，作為課文，是合理使用（fair use），但若將坊間英語教學雜誌全本作為教科書內容，就不是合理使用。

編製教科用書付費規定

著作權法規定編製教科用書的法定授權要付費給著作財產權人，是要均衡著作財產權人與利用人之利益，使這項未經著作財產權人自由授權的利用「合理化」。雖然為編製教科用書，依法不必經著作財產權人授權，就可以重製、改作或編輯他人已公開發表之著作，但由於教科書的市場比一般出版品市場廣泛，其利用情形對於著作財產權人造成不小的影響，不必獲得授權只是要減輕洽談授權之不便，仍不宜使著作財產權人受到太多損失，故著作權法也要求利用人，應該依經濟部所定的費率，支付使用報酬給著作財產權人。

著作財產權人對於編製教科用書的利用，沒有反對的權利，只有請求報酬的權利。實務上，利用人若不知誰是著作財產權人，或無法聯絡到著作財產權人時，只要將使用報酬留存，等到著作財產權人出面時再給付即可。

當然，如果利用人獲得著作財產權人的授權，或願意支付更多的使用報酬，則係屬於著作權法第37條的合意授權，而不是第47條的法定授權。有時，利用人若可以依第37條獲得

授權，寧可不用法定授權。因為依教科書編製參考書時，可能須要使用到相同的著作，而參考書並不是「教科用書」，對書商而言，為了能方便更有利潤的參考書之編輯，同時獲得著作財產權人授權編製教科用書及參考書，應該更為實際。

「著作權法第47條第4項之使用報酬率」檢討

最近，經濟部智慧財產局正在檢討，是不是要修正1998年所定的「著作權法第47條第4項之使用報酬率」。主要原因，是很多著作財產權人抱怨，目前規定利用文章「每千字新臺幣1,000元，不滿1,000字者以1,000字計算」，攝影、美術或圖形著作「以張數為計算標準，不論為黑白或彩色、版面大小，每張新臺幣500元。如使用於封面或封底每張新臺幣1,000元」、音樂著作「詞曲分開計算，每首新臺幣2,000元」，價格過低，且不問教科書的發行量多少，一律「一口價」的算法，並不合理。

此外，也有著作財產權人指出，有的教科書書商利用著作後，不會主動付費給他們，還要著作財產權人上門去催討，應該修法要書商主動付費，即使找不到著作財產權人，也要先提存在特定處所，不能將錢先存放在書商口袋。

著作權法賦予著作財產權人控制其著作之利用，以及獲取經濟利益之權能，法定授權制的目的，在使製作教科書時易於利用著作，亦即削弱著作財產權人對其著作之部分控制權，而不在剝奪著作財產權人之經濟利益，故在使用報酬之費率方面，應該不能使著作財產權人過於受委屈。政府對於法定授權制費率的決定，會影響合意授權的使用報酬，目前費率偏低的「一口價」，確實對著作財產權人不甚公平，不過，在經濟這

麼不景氣的時候，主管機關要如何公平地提高費率，除了智慧
還需要一些勇氣。

單元45

美術館對於館藏真跡的利用

很多知名的藝術家，擔心作品在自己百年後無法被妥善保存，或可能被子女抛售而分散四處，生前就預做安排，全數或挑選重要作品，捐贈給公立美術館典藏。有時候，藝術家的後代子孫，認知自己沒有足夠的能力保存先人作品，也體認到先人作品對社會文化的意義，會將作品捐贈給公立美術館，以獲得適當的典藏。美術館也多不負所託，以恆溫恆溼設備，典藏一批批珍貴的文化資產，且每隔一段期間，舉辦特定活動，將這些典藏公開展示給公眾欣賞，也常藉由政府推動的數位典藏計畫，將作品數位化，在各種媒介上公開。這當中，就會涉及很多著作權的議題，而美術館並不一定會意識到應做合法與合理的安排，以致發生一些紛爭。

藝術品如何合理運用？

在法律上，藝術作品的運用包括很多權利，例如著作人格權、著作財產權、物權或契約上的債權。著作人格權與著作財產權在著作權法中規範，物權或契約上的債權則屬於民法物權編與債權編範圍。

藝術家完成作品，依著作權法對於他的作品，享有著作人格權及著作財產權，同時，他對於作品真跡，也享有民法上的物權，也就是所有權。當藝術作品被捐贈給美術館，除非有特

別的約定，否則美術館僅是取得作品眞跡在物權上的所有權，並沒有取得著作人格權及著作財產權，如果美術館想要利用作品做成複製畫、月曆、筆記本、滑鼠墊、絲巾或馬克杯，應該要取得著作財產權人，通常是指藝術家本人或其後人的同意。

　　此外，很多美術館還會再將這些藝術作品做成數位化檔案，上網流通，這就涉及對藝術作品的重製與公開傳輸，也是要取得著作財產權人的授權。此外，美術館對於利用的成品，還要註明藝術家的姓名，且不能隨意變更作品的尺寸比例或顏色，才不會構成侵害著作人格權。

　　依據著作權法規定，藝術作品的著作財產權還包括公開展示權、出租權與散布權，只有藝術家或他的繼承人，才有權將他的作品眞跡或複製品對公眾展示、出租或出售。任何人擁有一部車，基於所有權，都可以將車子公開展示、出租與轉賣；眞跡或複製品的所有權人，理應也有相同的權利，但卻可能受到著作財產權的限制。爲了避免眞跡或複製品的所有權人，因爲著作財產權的約束，無法自由地將藝術作品眞跡或複製品對公眾展示、出租或轉售，著作權法特別規定，一旦藝術家將他的作品眞跡或複製品賣出或送給他人，既然藝術家或其繼承人在讓出所有權時，已經獲得經濟回報或是已經過他的同意，讓作品眞跡或複製品對外流通，則他的公開展示權、出租權與散布權，都應受到限制，不能再禁止所有權人或其所授權之人，對於這些作品眞跡或複製品的公開展示、出租與散布。所以，取得眞跡或複製品的美術館，就可以公開展示這些眞跡或複製品，或是將眞跡或複製品出租或轉賣給他人。這就是一般所稱的「第一次銷售理論」（first sale doctrine）或是「權利耗盡原則」（doctrine of exhaustion）。

　　著作權法更進一步允許美術館在公開展示這些眞跡或複製品時，爲了向參觀人解說作品，說明書內重製這些作品，例如將作品印製在導覽手冊或折頁中，供參觀人閱覽。不過，這僅限於現場導覽使用，美術館不可藉此就作品發行專輯單行本，對外販售，或是上網。當然，著作權法允許任何人爲介紹、評論或報導之目的，在合理範圍內，可引用已公開發表的作品，例如在論文或報導中，以縮圖顯示作品內容，讓讀者大略知悉作品內容，並註明出處，這一合理使用（fair use）規定，也適用於美術館，只要是爲相同目的，美術館也可以註明出處後引用，不必取得授權。

美術館如何授權他人利用館藏？

　　美術館對於典藏作品縱使沒有著作財產權，仍可以透過債權契約，授權他人利用館藏。例如，利用人經著作財產權人同意利用其藝術作品，但作品目前由美術館典藏，利用人還是要進一步與美術館洽商，才能透過簽署借用典藏作品的債權契約，取得眞跡進行利用。美術館可以在借用契約中，設定借用條件，例如要求在複製品上註明典藏機構名稱、複製品之件數、品質、售價、行銷地區，甚至約定售價一定比例之利益分配等。

　　美術館所珍藏的藝術作品，其市價也許很高，但基於文化保存考量，或是尊重藝術家捐贈之初衷，美術館不會去拋售典藏，所以藝術作品市場價值如何，對美術館意義不大。但美術館要推廣文化藝術，常需利用這些藝術作品，尤其是重製與公開傳輸的行爲，這必須獲得著作財產權人的授權，不是擁有作品眞跡或其複製品的所有權就可以解決。了解這些權利的區

別，下回美術館在接受捐贈的同時，也許應特別與藝術家或其繼承人洽商，為了達到推廣文化與藝術的目的，除了所有權的贈與，是否願將著作財產權一併捐贈，或至少要能同意美術館可以自由利用這些藝術作品，才能達到捐贈的目的。

單元46

創作與侵權的界線──合理使用歐巴馬？

　　自從歐巴馬開始總統競選活動，一張以紅、藍色彩呈現的歐巴馬肖像，下方附上「希望」（HOPE）英文的海報，就無所不在地被流傳。歐巴馬當選總統後，各界更加好奇，這件作品的作者是何人。經過查證，才知道這件作品是出自洛杉磯38歲的美國當代知名街頭塗鴉設計師Shephard Fairey之手，美國國家肖像館（The National Portrait Gallery）並已在2009年1月將這件具有歷史意義的作品，正式納入永久館藏。

歐巴馬肖像使用事件始末

　　Fairey在受訪時承認，他是從網路上取得歐巴馬照片後，加以重新構思設計轉換而成的，而這張照片後來被確認是美國聯合通訊社（Associated Press，下稱美聯社）特約記者Mannie Garcia在2006年4月時所拍攝。當時歐巴馬正在華盛頓「美國記者協會俱樂部」（National Press Club）針對非洲國家蘇丹（Sudan）西部的達佛（Darfur）地區所發生種族滅絕屠殺事件發表看法後，傾聽聽眾提問時的鏡頭，照片呈現歐巴馬面首上揚，自信中充滿關懷與憂心的表情。

　　美聯社知悉後，主張Fairey應註明出處並支付使用報酬，雙方曾進行和解協商，但並不順利。為了爭一口氣，Fairey在史丹佛大學「合理使用計畫」（Fair Use Project）主持人

Anthony T. Falzone律師的支持下，2009年2月9日向曼哈頓的紐約南區聯邦地方法院，對美聯社提出訴訟，要求法院確認，他對於Garcia這張照片的利用，是著作權法所允許的「合理使用」（fair use），不必取得授權，以對抗美聯社對他的創作自由的阻礙。

Fairey是個爭議性的藝術家，他的創作風格企圖衝撞既有的社會體制，作品雖能掌握並結合政治與流行時尚風潮，卻常將自己的作品比照商業廣告，到處亂貼，被控破壞都市景觀與入侵私人領域，而多次進出警局與法院。他在提起本案訴訟時，正在波士頓進行二十年作品回顧展，同時也因爲任意張貼宣傳海報，被警察逮補，扭送法院後暫時開釋。

2008年初，Fairey的作品隨著歐巴馬的選情升高，廣受關注與使用，歐巴馬本人曾在2月下旬致函Fairey表達致謝之意，這項謝函確認了他不會對Fairey主張肖像權，致使這個案子只集中在幾項著作權爭議議題。

要證明他人利用自己的著作，有時並不容易。本案若不是Fairey自己承認，美聯社未必能確認Fairey是使用Garcia這張照片，因爲歐巴馬是公眾人物，任何人很容易自各種管道取得歐巴馬的各種照片，做進一步處理。

從著作權看創作與侵權之間

在證明是對於既有著作的利用之後，接下來面臨的問題是，到底是利用到著作權法所保護，屬於創作的「表達」部分，還是不受保護的「觀念」、「方法」、「事實」或其他元素？因爲著作權法第10條之1規定：「依本法取得之著作權，其保護僅及於該著作之表達，而不及於其所表達之思想、程

序、製程、系統、操作方法、概念、原理、發現。」這是指著作權法保護「表達」，不保護「表達」所隱含之「觀念」、「方法」、「事實」或其他元素等。

歐巴馬是一個實際存在的人，Fairey使用Garcia的照片，若僅是使用歐巴馬的肖像部分，而不涉及整張照片的布局、角度或光影等創作部分，未必涉及著作之利用。我國實務上也曾有法院判決認定，參考照片自行繪製烏頭翁或長臂金龜圖案，如已具備相當程度之原創性，不但不構侵害照片的重製權，反而可被認定是獨立的美術著作。（臺灣高等法院臺南分院95年度智上字第7號民事判決）

如果法院認定Fairey有重製或改作Garcia的照片，才必須進一步判斷有沒有合理使用的空間。美國聯邦最高法院過去在實務上曾認定，對於他人著作以具「轉換性」（transformative）的方式利用，而不是單純複製的情形，屬於合理使用，不必取得授權（Campbell v. Acuff-Rose Music, Inc., 1994）。支持Fairey的專家們認為，Fairey很巧妙地將Garcia的照片做了很大的轉換利用，有足夠的創作性在其中，讓他的海報作品與Garcia的照片有很大的差異性，應該是合理使用。

Fairey的創作手法，其實受到普普教父安迪・沃荷（Andy Warhol）很深的影響。沃荷的知名作品「瑪麗蓮夢露」的影像來源，就是取自他人雜誌封面上的瑪麗蓮夢露照片，透過強烈與美麗的色彩，傳達巨星與死亡的關聯，強調死亡的存在，是人最終都須面對的歷程。沃荷也曾因為直接以「康寶濃湯罐頭」為創作主體，表彰實用物品與藝術的關聯，被康寶濃湯公司指控侵害著作權，但體認到沃荷以「康寶濃湯罐頭」為作品

主體，是最佳的廣告，隨後又撤回了告訴。

美國的著作權法不重視著作人格權的概念，一般利用上也不會在作品上直接標示原著作的著作人姓名及出處。對於Fairey的利用，原攝影者Garcia並不在意，不過他卻認為，他才是照片的著作權人，因為他是自由攝影（freelancer），只是憑照片領取美聯社的稿費，不是美聯社的員工，美聯社沒有取得著作權。

著作權法的保護與創作有相輔相成的關係，要保護既有著作的著作權，也要鼓勵新的創作產生，而合理使用在其間扮演均衡的角色。由於合理使用的不確定性，只能說，在利用既有著作進行創作時，自己的創作性投入越多，越能提高合理使用的機會。

單元47

視障者權益之著作權議題

　　立法院於2014年1月7日三讀通過著作權法修正草案，強化視障者接觸資訊之合理使用（fair use）權益，縮短數位網路環境下，視障者日益嚴重落後一般人方便快速接觸資訊的鴻溝。

　　舊著作權法第53條原本就有規定為視障者接觸資訊之利益的合理使用條文，但因為這是屬於紙本類比時期背景下所完成的立法，並不盡符合現今的數位網路環境，加上2013年6月間世界智慧財產權組織於摩洛哥馬拉喀什簽訂了「關於有助於盲人、視覺機能障礙者或其他對印刷物閱讀有障礙者接觸已公開發行著作之馬拉喀什條約」（下稱馬拉喀什條約），促使國內各界關注視障者接觸資訊之利益，引發這次的著作權法條文修正。

　　經濟部智慧財產局針對馬拉喀什條約召開了兩次著作權法修法會議，也預擬了相關條文，但因該局係進行整體著作權法之檢討修正，故並未特別單獨就此部分之修正條文內容對外公開。本次修正之條文，係立法委員陳節如等20人所提，在視障團體及專業人士之協助，並經過與經濟部智慧財產局就該局之版本進行討論後，完成立法院審議程序三讀通過。

　　舊著作權法第53條所照顧之障礙者，並不限於視覺障礙者，還包括學習障礙者、聽覺機能障礙者或其他視、聽覺認

知有障礙者，僅因此次修正起因於保障視障者權益之馬拉喀什條約，使得各界關注重點均集中於視障者無障礙版本之合理使用。

本次修正重點包括如下：

1. 擴大利用主體。舊法原本僅允許經依法立案之非營利機構或團體為利用主體，新法擴大包括中央或地方政府機關、非營利機構或團體、依法立案之各級學校，也及於障礙者或其代理人。（著作權法第53條）

2. 擴大利用行為。舊法所允許利用之行為，僅限於點字、附加手語翻譯或文字重製及錄音、電腦、口述影像、附加手語翻譯或其他方式利用，新法擴大包括翻譯、點字、錄音、數位轉換、口述影像、附加手語或其他方式利用已公開發表之著作。（著作權法第53條）

3. 擴大流通範圍。舊法僅允許製作者對障礙者散布所製作之重製物，新法為使各合法利用主體間之有限資源能有效統合利用，不必各自重複他人已完成之重製工作，特別擴大允許得於障礙者、中央或地方政府機關、非營利機構或團體、依法立案之各級學校間，相互散布或公開傳輸，以方便障礙者利用。（著作權法第53條）

4. 新增防盜拷措施之除外條款以利為障礙者使用目的之合理使用。由於著作權人利用防盜拷措施保護其著作不被侵害，使得為障礙者使用目的之合理使用無法進行，新法乃增訂允許為此目的之合理使用，得不適用防盜拷措施相關規定，未來為了障礙者使用目的之合理使用，得破解、破壞或以其他方法規避著作權人所採取禁止或限制他人擅自進入著作之防盜拷措施，或是製造、輸入、提供公眾使用破解、破壞或規避防盜拷

措施之設備、器材、零件、技術或資訊，或為公眾提供服務。（著作權法第80條之2第9款）

　　5. 新增禁止眞品平行輸入之除外條款以利障礙者使用之輸入，增益境外資源對境內障礙者之利用協助。由於舊法第87條第1項第4款限制眞品平行輸入，導致境內障礙者無從自由利用於境外已經轉製完成之無障礙版本，重複浪費境內有限資源，新法乃增訂禁止眞品平行輸入之除外條款，以利障礙者使用而自由輸入境外已經轉製完成之無障礙版本，使相關機構能互通有無，避免浪費原本即屬有限之資源。（著作權法第87條之1）

　　關於為視障者接觸資訊權益之合理使用，著作權法第53條雖已有規定，但如何徵集電子檔以加速轉製無障礙版本，一直是關鍵之所在，惟因其將增加著作權人著作權以外之負擔，國際公約及各國著作權法均未強制要求，而係透過協調方式取得著作權人之合作提供，在我國，除了高中職以下教科用書及博、碩士論文之性質特殊，基於公益考量得以法律強制徵集之外，一般圖書方面，參考圖書館法第15條之送存制度執行情形，目前也只能做宣示性規定，使圖書徵即取得法源依據，尚不具強製徵集之條件。

　　現行法制與馬拉喀什條約有關之法律除著作權法之外，尚包括身心障礙者權益保障法、圖書館法、學位授予法，著作權法之修正將引導、影響著其他法之修正進度及方向。身心障礙者權益保障法方面，主要係專責圖書館之建立及運作原則調整；圖書館法及學位授予法方面，則主要係圖書資訊之徵集及轉製、提供。此一部分必須有所區隔，高中職以下教科用書及博、碩士論文之性質與一般圖書不同，未來之立法應特別注意。

　　馬拉喀什條約所關切之議題，除了限制著作權人之著作財產權，以利為障礙者之使用著作權益，得重製、散布及公開傳輸無障礙版本之外，尚包括鼓勵相關組織建立透明及合作平臺，並允許境內外流通，以利資源共享及充分有效運用。這部分有待未來相關組織建立合作平臺，進行資源及資訊整合。目前，已有不少學校或非營利組織各自進行無障礙版本之轉製及提供工作，國立臺灣圖書館經教育部指定為保障身心障礙者接觸資訊權益之專責圖書館，在著作權法修正通過後，積極扮演建立聯合平臺之重要角色，對視障者接觸資訊的權益，有很大的協助。

單元48

旅遊創作與著作權

　　在「行萬里路」勝「讀萬卷書」的時代，若能在旅遊過程中，將所見、所聞及所思，化為創作紀錄，不但能成就深度旅遊，留下美好回憶，也可分享他人，成為專業的旅遊導覽。網路上如雨後春筍般，處處可見的旅遊部落格，就是在這樣的情形下誕生。當然，其中也有不少是旅運公司、旅遊景點或觀光產業的置入性行銷，但都不影響旅遊創作的價值與可看性。

　　旅遊創作會產生很多著作，主要包括文字、攝影、地圖、錄影，這些著作自創作完成就受到著作權法保護，而在創作過程中，也可能利用到別人的著作，涉及著作權的議題。

旅遊文字創作與地圖繪製之著作權注意要點

　　在文字方面，旅遊路程紀事、景點介紹或心得隨筆，屬於「語文著作」，保護期間自創作完成到著作人終身加五十年。雖然創作過程中，會參考既有的書面文字或口述導覽，但著作權法第10條之1規定，著作權法僅保護「表達」，不保護「表達」中所傳達的「觀念」、「方法」或「事實」等，若僅是依閱讀或聽到的某些人或物的事跡，再以自己的文字創作，沒有使用到別人的「表達」，並不至於侵害他人著作權。同理，自己寫的旅遊創作文字，可以享有著作權，但也不能禁止別人就同一旅程、景點、人或物的事跡，進行旅遊創作。

地圖在著作權法是以「圖形著作」受保護，保護期間也是自創作完成到著作人終身加五十年。著作權法對於地圖之保護，僅限於所繪製的地圖本身，對於事實上存在的地理位置與風貌，無法被任何人所專有。繪圖者可以禁止他人複製他的地圖，並不能禁止他人依既有的地理位置與風貌，自己再繪製一份地圖。除非能證明是直接依既有的地圖修改，否則不能因為兩張地圖畫得很接近，就認定是侵害其著作權。有一些繪圖者，會故意在地圖中，隱藏一些暗記，或畫上一些不重要的錯誤，作為日後證明他人是依照他的地圖修改，而侵害其著作權的證據方法。

旅遊照片之著作權注意要點

照片在著作權法是以「攝影著作」受保護，錄影不管是不是附有聲音，則是以「視聽著作」受保護。攝影著作與視聽著作，保護期間僅及於公開發表後五十年，若創作完成時起算五十年內未公開發表，就只存續至創作完成時起五十年。

旅遊者自己拍攝的照片或錄影，當然以自己為著作人，享有著作權。除非是自拍，否則，若是請他人將自己攝入鏡頭中，拍攝者才是著作人，被拍攝者必須獲得拍攝者同意，才能使用這些創作。一般而言，請人用自己的設備拍攝自己，即使由拍攝者為著作人，享有著作權，應該都可以認定拍攝者已默示同意被拍攝者得使用該拍攝成果，但若是請他人用他的設備拍攝自己，這些拍攝成果的利用，甚至著作權的歸屬，都必須約定清楚，才不會在未來的利用上發生爭議。

拍攝古物、古畫，不會有著作權問題，至於拍攝仍受著作權法保護的著作，可再區分為三種情形：

1.直接以接近翻拍的方式拍攝，例如對著整幅畫作爲全螢幕拍攝，是重製的行爲，若僅是私下欣賞利用，屬於著作權法第51條的合理使用（fair use），若要公開利用，則應該獲得授權。

2.拍攝街道、公園、建築物外觀，或向公眾開放之戶外場所長期展示之美術著作或建築著作，不問是私下欣賞利用，還是公開利用，都屬於著作權法第58條的戶外拍攝之合理使用，不必獲得授權。

3.即使不是戶外著作的攝影，若將自己與作品合照，純爲到此一遊的紀念拍攝，是屬於著作權法第52條的其他正當目的之合理使用，也不必獲得授權。

音樂與肖像權之著作權注意要點

有些旅遊網站會附上背景音樂，或是在旅遊專輯中同時播放音樂，這都涉及音樂及錄音著作的利用，應該取得授權。

肖像權，是另一個應關切的議題。將同行旅人、商家主人或當地人員一起納入鏡頭，作爲私下保存欣賞，並無問題，若是公開利用，不問是上網公開或收錄旅遊導覽專書，都應先獲得授權，否則會侵害到民法第18條的肖像權。

有些觀光景點或美食餐館，堅拒觀光客拍攝，或是付費才能拍攝，並不完全是以著作權爲基礎，因爲觀光景點或美食餐館內，大部分標的都不是「著作」，縱使是「著作」，觀光客還是有合理使用的空間。這些地點禁止拍攝的法律基礎是民法上的契約，也就是進入參觀或消費的旅客與經營者之間所做的約定，例如，外食及寵物勿入、禁止穿著汗衫、拖鞋或短褲等，「禁止拍攝」當然也可以列爲參觀或消費契約的禁止條款

中，只是違約的法律責任不是侵害著作權，沒有刑事責任，而僅是損害賠償而已。

　　旅遊創作是時興的活動，旅遊部落格也很普遍地存在，這些涉及著作權法中重製權與公開傳輸權的行為，或是民法中肖像權或消費契約的行為，都必須了解與預為因應，才不會在興趣創作之餘，侵害到他人的權利，製造自己的困擾。

單元49

旅遊業的經營與著作權

　　旅遊業要經營成功，不只是單純地安排旅客的舟車與食宿而已，豐富兼具知性與感性的行程DM廣告、行前座談會的解說資料、旅遊途中景點背景介紹、團員旅遊點滴花絮紀錄、旅遊心得與迴響的彙集，都是吸引旅客加入旅行團，進一步建立長期、穩定客戶關係的最佳行銷手法。這些增值的服務，一再地涉及著作權的議題，必須妥善處理，才不會有負面的效果。

運用DM廣告需注意的著作權議題

　　行程的DM廣告中，以文字敘述及照片為中心。雖然妥適的旅遊路線與時間安排等行程設計，需要投注豐富的經驗與高度的智慧。不過，單純的旅遊路線與時間安排的行程表，只是概念與事實的紀錄，並不能享有著作權。此外，甲旅遊業者也不能主張某一條旅遊路線與時間的安排，是他們設計規劃出來的，就不准乙旅遊業者在一樣的天數走一樣的旅遊路線。

　　由於著作權法保護的「著作」，必須是具有創作性的成果，不能只是單純的事實或概念的紀錄，旅行社設計規劃好某一條旅遊路線與時間的安排，只要在文字表現上，投注豐富的敘述，就可以提高它的創作度，跨過著作權保護的「著作」門檻。例如，同樣是早上8點從花蓮渡假飯店到七星潭的行程，「8：00花蓮渡假飯店－七星潭」是事實紀錄，若是敘述為

「早安8點，自在悠閒地享用完飯店附送的豐盛自助早餐，快樂小巴會輕快地將您送往花蓮最美麗的海岸——七星潭，太平洋海岸風光及花蓮機場飛機起降，再度讓您感受自然的遼闊與科技的震撼。」這樣就成了著作權法保護的「著作」。

著作權法第10條之1規定，著作權法僅保護「表達」，不保護「表達」中所傳達的「觀念」、「方法」或「事實」等，其他的旅行同業若要介紹同樣行程，不能重製這些具創作性的敘述，但只要用自己的文字，自行撰寫行程介紹，不會構成侵害他人的著作權，反而是完成了著作權法保護的「著作」。

在照片方面，旅遊業者千萬不能貪圖便利，隨便上網抓了旅遊景點的照片就使用。旅遊景點的照片雖然大同小異，每一張照片卻都是個別獨立的創作，受到著作權法的保護，使用前應該取得授權。

旅行社使用導遊著作的著作權議題

旅遊業者有時會使用自家導遊帶團外出所拍攝的照片或心情日記，作為提供給客戶或其他消費者的文宣或解說資料內容，這時也要關切如何合法使用這些著作的議題。

旅遊業者與這些導遊的法律關係如何，會影響這些作品在使用權限上之法律安排。若導遊是旅遊業者的員工，依據著作權法第11條規定，導遊是這些作品的著作人，但旅遊業者是著作財產權人，只要註明是哪位導遊的作品，旅遊業者可以自由利用，反倒是創作的導遊自己，因為沒有著作財產權，不可以自由利用。旅遊業者雖是著作財產權人，為了顧及員工導遊的著作人格權，如果使用上不想註明是哪位導遊的作品，要特別與該導遊員工做約定。

　　若導遊不是旅遊業者的員工，雙方只是靠行關係，則導遊是這些作品的著作人，不但享有著作人格權，也是這些作品的著作財產權人，可以自由利用。旅遊業者若想利用這些作品，必須與導遊約定，也許是透過著作權法第12條的出資聘人完成著作規定，在出發前約定好誰是這些作品的著作人，誰享有著作財產權，或可做如何的利用；旅遊業者也可以在導遊的行程結束後，透過著作權法第36條或第37條規定，就這些作品的著作財產權的讓與或著作的授權利用，做適當的約定。

　　旅客在旅遊過程中會自己拍攝行程中的點點滴滴，相關的著作權議題當然是自己處理、負責。很多導遊會很貼心地在行程中，以照相機或錄影機，記錄旅行團的歡樂花絮，在行程結束後免費送給團員，或是已經包括在團費中，或是依團員意願另外收費兜售。導遊的拍攝成果，是受著作權法保護的攝影著作或視聽著作，其權利依前述的法律關係，決定是屬於導遊還是旅遊業者。這些花絮紀錄不會是默片，通常會附上背景音樂，增加它的可看性，這就涉及音樂著作及錄音著作的重製行為。旅客自己編輯的旅遊紀錄若是私下觀賞，沒有公開散布或上網，可以主張是個人非營利目的而合理使用（fair use）別人的音樂著作及錄音著作；旅行業者或導遊使用音樂著作或錄音著作在旅遊紀錄中，是為營利目的，還進一步散布給自己的旅遊客戶，就不能主張合理使用。此外，旅行業者若要使用這些旅遊紀錄，作為業務公開宣傳廣告，更要取得團員的同意，否則，還會涉及肖像權或隱私權。

　　團員旅遊心得與迴響，有助於旅遊業者的業務推展，它們是團員的著作，受到著作權保護，旅遊業者若要使用也應該取得授權。

家圖書館出版品預行編目資料

作權一本就通／章忠信著. --二版--.
　--臺北市：書泉出版社,2022.04
　面；　公分
SBN 978-986-451-243-0（平裝）

　著作權

88.34　　　　　　110017717

3T21　小市民法律大作戰系列 009

著作權一本就通

作　　　者 — 章忠信（240.2）

發 行 人 — 楊榮川

總 經 理 — 楊士清

總 編 輯 — 楊秀麗

副總編輯 — 劉靜芬

責任編輯 — 黃郁婷

封面設計 — 王麗娟

出 版 者 — 書泉出版社

地　　　址：106台北市大安區和平東路二段339號4樓

電　　　話：(02)2705-5066　　傳　　真：(02)2706-6100

網　　　址：https://www.wunan.com.tw

電子郵件：shuchuan@shuchuan.com.tw

劃撥帳號：0 1 3 0 3 8 5 3

戶　　　名：書泉出版社

總 經 銷：貿騰發賣股份有限公司

電　　　話：(02)8227-5988　傳　　真：(02)8227-5989

網　　　址：www.namode.com

法律顧問　林勝安律師事務所　林勝安律師

出版日期　2010年1月初版一刷
　　　　　2022年4月二版一刷

定　　　價　新臺幣280元

經典永恆・名著常在

五十週年的獻禮 —— 經典名著文庫

五南，五十年了，半個世紀，人生旅程的一大半，走過來了。
思索著，邁向百年的未來歷程，能為知識界、文化學術界作些什麼？
在速食文化的生態下，有什麼值得讓人雋永品味的？

歷代經典・當今名著，經過時間的洗禮，千錘百鍊，流傳至今，光芒耀人；
不僅使我們能領悟前人的智慧，同時也增深加廣我們思考的深度與視野。
我們決心投入巨資，有計畫的系統梳選，成立「經典名著文庫」，
希望收入古今中外思想性的、充滿睿智與獨見的經典、名著。
這是一項理想性的、永續性的巨大出版工程。
不在意讀者的眾寡，只考慮它的學術價值，力求完整展現先哲思想的軌跡；
為知識界開啟一片智慧之窗，營造一座百花綻放的世界文明公園，
任君遨遊、取菁吸蜜、嘉惠學子！

112.2.25
$280 批x